GOBOOKS
& SITAK
GROUP©

我、腦子和粉紅色的諮商師

毛毛毛——著

目錄

Chapter 2　人際關係

Chapter 3　情緒管理

Chapter 4　成長發展

Chapter 5　自我重構

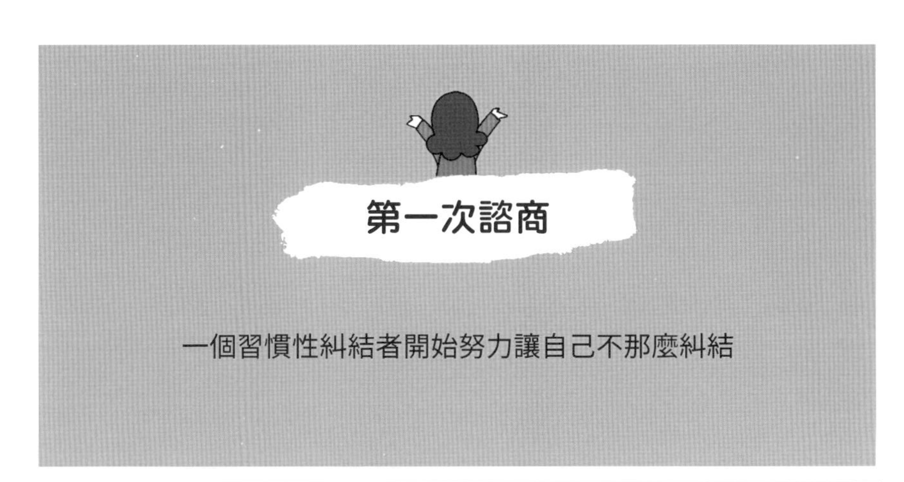

第一次諮商

一個習慣性糾結者開始努力讓自己不那麼糾結

第一次進行心理諮商是在某個工作日的上午，在赴約之前，我心裡很糾結。

預約成功了。

……

這位是我的腦子，我們經常在心裡進行對話，這次當然也不例外。

我經常會因為一些事而想不開，陷入心理困擾，這是我想去諮商的原因。
你覺得透過諮商，我們的狀態會變好嗎？
會吧，畢竟這就是我去諮商的目的。

它有時候會問我（思考）一些非常尖銳的問題。
你真的這麼覺得？被人開導一下就茅塞頓開了？
你這麼說就有點……

好吧，我感覺到這個問題有點危險。那諮商時你要說什麼呢？
需不需要我幫你列個可能會提到的問題清單？
大致地敘述一下自己的情況吧。

非常煩人。
你真的做好敞開心扉的準備了嗎？
啊？

覺得這個諮商師夠可靠的時候嗎？
呃，也許不會一開始就敞開心扉，有個循序漸進的過程……
可能吧。

搞得好像我們有很多祕密似的。
我可沒這麼說……

不過即使是那些你無法說出口的事，說不定諮商師也會覺得稀鬆平常、見怪不怪了。畢竟人家是專業的。

被你這麼一說，有種「你的煩惱也沒什麼大不了」的感覺……
難道不是嗎？
洩氣

不過即使不是什麼大事，那也是困擾我的問題，我想解決它。
走吧，時間到了。

那萬一我不想回答諮商師的問題怎麼辦？
什麼都不說豈不是很尷尬？
那就不回答。
那就說點什麼！

我在內心戲中度過了等待的時間，諮商那天，我的緊張程度已經堪比面試了。

在這樣忐忑的心情下，我開始了第一次心理諮商。
你好，我是預約來諮商的……
你好，進來坐。
諮商師

諮商結束後。

並沒有問什麼難回答的問題。

Chapter 1　自我認同

有「被討厭」的勇氣，

才能擁抱自由的人生。

只有滿足他人，才能證明自己的價值嗎？

不必獻出自己，你天生就有被愛的權利

不知道大家有沒有這樣的經歷，下了班想趕快回家，卻被同事拉去「團隊建設」， 為了顯得合群，只好答應了。

被別人拜託做和自己工作有關的私事，也不好意思拒絕。

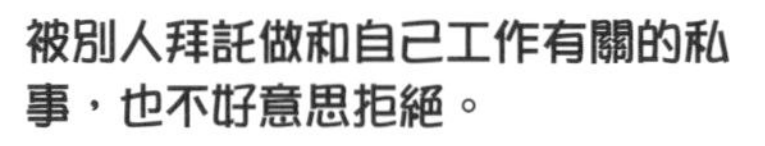

主管分配了超出職責的工作，硬著頭皮也要扛下來。

努力滿足大家期待，結果有時卻事與願違……
……
這個大頭貼不太像我呀！
為什麼在聚會上不說話呢？
你這樣處理是不行的。

這種時候就會委屈大爆發。
憑什麼！
人間不值得！

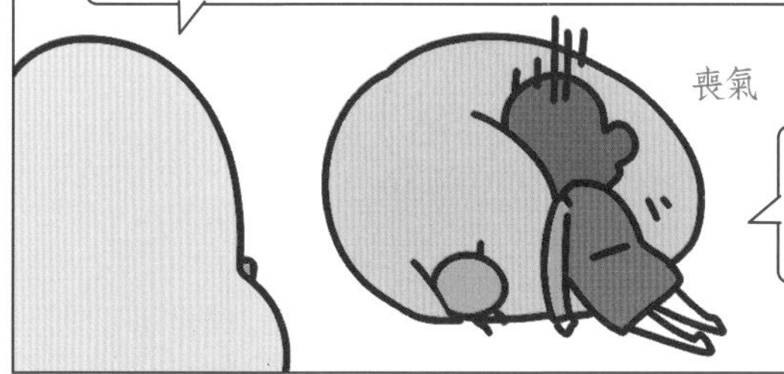
又到了我心理諮商的時間。
看起來你為了不辜負大家的期望，做了很多努力，這些努力不被承認的話，確實滿委屈的。如果覺得是不合理的要求，你可以拒絕嗎？
喪氣
就是很難拒絕才會痛苦，因為辜負別人的期望讓我有種罪惡感……

怎樣的罪
惡感？
拒絕或者沒做好就會覺得自己很沒用，心理上也沒辦法接受別人對我失望，於是總是不自覺地答應，最後不得不壓榨自己……
怎麼做心裡都不痛快。

你似乎希望自己令他人滿意，可是有些時候別人提的是不切實際的期望或者過分的要求吧？
甚至有些人就是明擺著占便宜，這些也要滿足嗎？
成年人的世界都是互相試探的博弈。

當然，特別明顯的占便宜我也會拒絕，但有時心裡還是會想我是不是「不夠大度」、「不夠友善」、「太計較」之類的。
在我看來，可能盡量滿足他人的要求是一種證明自我價值的方式吧。
而且有時我無法判斷對方的要求過不過分，總是後知後覺。
有夠卑微的。

好像你的價值只有經過別人「蓋章」認定後才能生效。
哇，被認可了，好高興！
合格
還滿具象的。

大概就是這個意思吧。而且我們小時候不是經常被教育，不能平白無故覺得自己了不起嗎？所以他人的認可很重要。
但是承認自我價值和自認為了不起是不一樣的。
只是在努力證明自己有價值。

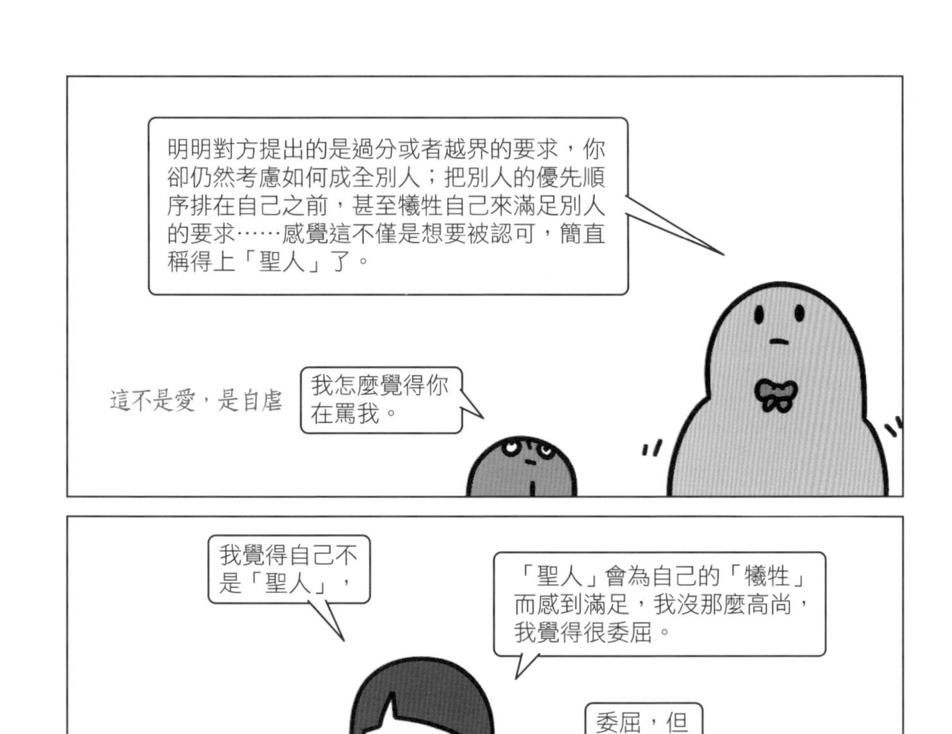
明明對方提出的是過分或者越界的要求，你卻仍然考慮如何成全別人；把別人的優先順序排在自己之前，甚至犧牲自己來滿足別人的要求……感覺這不僅是想要被認可，簡直稱得上「聖人」了。
這不是愛，是自虐
我怎麼覺得你在罵我。
我覺得自己不是「聖人」，
「聖人」會為自己的「犧牲」而感到滿足，我沒那麼高尚，我覺得很委屈。
委屈，但不敢說。

把自己的「犧牲」作為「祭品」，以此來換取別人的認可，證明自己的價值。
這是我很努力、很拚命做好的東西，快稱讚我吧……
你自己也有察覺。

小時候，成為一個聽話的孩子是一項「硬性規定」。只有滿足長輩的要求，才會被誇讚。

而如果做出違背長輩意願的事，就會被冷落或責備。
我不想看了⋯⋯
媽媽⋯⋯

小時候你覺得，只有讓別人滿意，才能讓他們開心，認可你的價值，你才可以得到他們的關愛。
漸漸地，這種相處方式被「延伸」。為了獲得他人認同，你需要透過不斷做事來證明自己有價值。
被訓練出的價值觀⋯⋯

但這真的是你嗎？現在的你已經長大，不必依賴大人去生存了。你考慮重新拿回定義自我價值的權利嗎？
重新定義自我價值⋯⋯

我總是覺得不公平，覺得委屈，覺得別人看不到我做出的「犧牲」，甚至抱怨別人對我太苛刻，我卻從來沒有想過我一直認定的規則是否正確。

也許我可以不被「犧牲」……
即使拒絕也不代表我不是一個好人。

他人的認同也並非我全部的價值。
而最重要的是，我應該告訴自己……

告訴心中那個小小的我：不必獻出「祭品」，你也擁有被關愛的權利。

也許這才是打破
規則的關鍵吧。

承認吧，你就是很棒

擺脫低自尊和習慣性自我否定

……
……
糟了。

你好像一直在否定我對你的誇獎，這是為什麼呢？
也不是啦，我只是在說事實……

不過我確實很「在意」別人的誇獎。
今天穿得很漂亮。
只是比較早起。

你真聰明。
運氣好而已。
做得不錯。
馬上就不行了。

你可真讓人掃興……
確實……

那受到誇獎的時候，你是什麼感覺？

在自我認知中，我是一個經常犯錯的人。即使現在沒有失敗的事，將來也說不定會出現問題。就算有值得被肯定的事出現，也只不過是微不足道的瞬間，不值得談起。

漸漸地，我習慣被責備和否定，這變成穩固自我認知的一部分……

而那些誇獎和肯定，反而變成否定自我了。

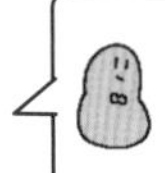

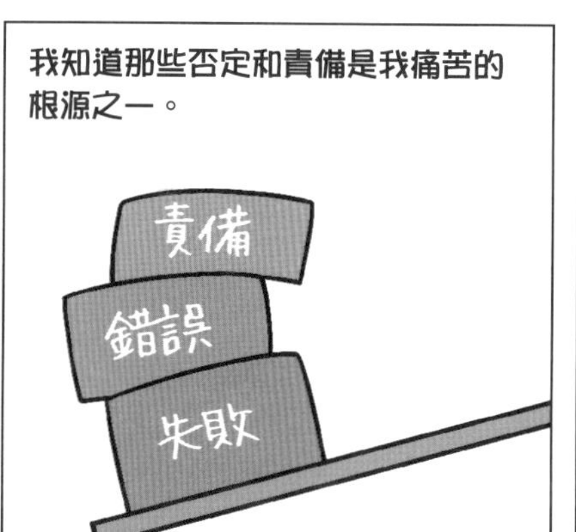
我知道那些否定和責備是我痛苦的根源之一。
責備
錯誤
失敗

它們是如此沉重和穩定，令我無意識地滑向那一端，而另一端卻顯得那麼微不足道 ……
肯定
滑
責備
錯誤
失敗

但如果我能再掙扎一下……
爬爬
責備
錯誤
失敗
承認那微小的存在……
晃動
責備
錯誤
失敗

說不定能撬動某些原本沉重的東西吧。
責備
錯誤
微微抬起
失敗

不過，在某些方面你真的很擅長否定自己！
這是誇獎嗎？來讓我想想如何否定你肯定我總是否定自己的這句話。

要是能哭出來就好了

自我的感受也同樣重要

最近，我發現諮商師經常問我一個問題。

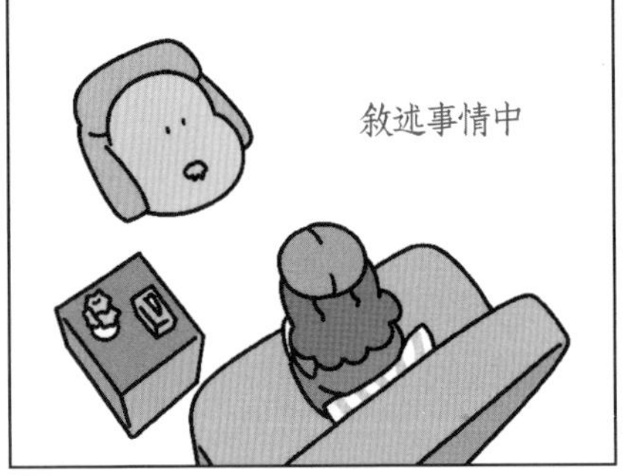

當我講完一件事，她經常會問我：

問的次數多了，甚至有點令人生氣。

如果可以，我希望諮商師能像修理一臺機器一樣，來解決我的困擾。

或者能找出我思考的漏洞，提出些新點子。

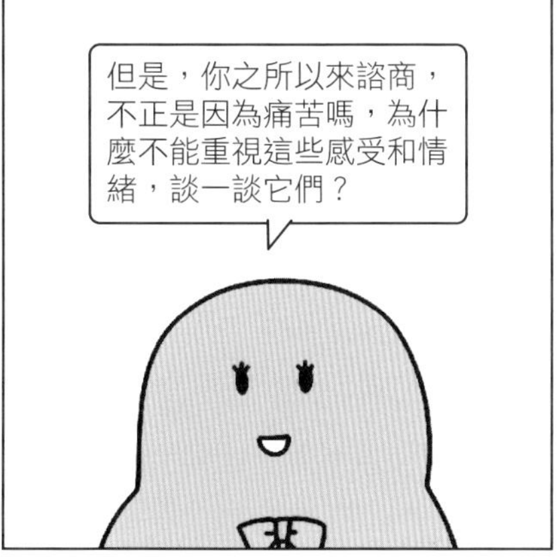

而且痛苦有很多種，代表的含義也不同。
……
!

是呀，我確實因為痛苦來諮商，但又極力想逃避說出「痛苦」的感受……
感覺說出來就會曝露自己的脆弱。

小時候，我一直被教育遇到困難就要努力克服，抱怨或者哭哭啼啼是不對的，無論情緒如何，解決問題才是正經事。
已經成為思考習慣了。

你可以想像一下，回到小時候，如果你當時可以肆意表達情緒，會是什麼情況？
但是一個小孩遇到困難哭泣是很正常的。即便有人能來安撫，告訴她「哭了也沒關係」，也不會妨礙她解決問題。
回到小時候……

想像一下，當我摔了一跤……
啊！

我哭一下也沒問題……
一定很痛吧，真可憐呀！
嗚嗚嗚

還是……
不准哭！勇敢一點，自己爬起來！
……

雖然我現在不是小孩了，但如果我有選擇的話，還是希望能有人體諒我摔倒很痛……
但我不敢把這種情緒表露出來
哇哇哇！

希望有人能體諒你的感受，不代表你軟弱；表達痛苦，也不代表你自己站不起來呀。
如果有人安慰我，自己站起來後也許會感到更有信心吧。

這些關於感受的問題就像把我帶回過去，重新體會有一個能夠看到我的情緒、可靠的人的存在……

也許這正是我問題的所在——當我壓抑情緒和感受的時候，

它越會不受控制地出現。

也許只有真正看到它，

才能更為清晰地了解情緒背後的東西吧。

你有什麼
感受？

其實我比自以為的更優秀

「冒名頂替症候群」

前兩天，我和另一名同事被安排一起報告提案。

完蛋了。

年度優秀員工 →

輪到我的時候。
接——接——接——下來
我介紹一個新的想法……
你要講的大家
都知道哦。
別胡思亂想了！

報告結束後。
和他相比你真是
一無是處，只能
襯托出差距。
毛毛毛。
← 主管

啊？
雖然你剛剛講得太
緊張，但提案想法
不錯，再做完整一
點，繼續進行吧。

對於主管的肯定，那一刻我的想法
只有：
您可算了吧！

諮商時間。
真不知道主管腦子哪根筋不對了，放著那麼閃閃發光的同事不用來找我。
難道他有什麼陰謀要坑我！

你認為主管找你是另有原因，而不是因為你的能力嗎？
對！

即使同事很出色，但或許在主管眼裡你也不錯，這並不矛盾。
不可能不可能不可能！
為什麼這麼肯定呢？

因為這次我只是運
氣好，踩中了主管
的點而已。
巧合罷了。

真讓我進行的話，
我肯定會出差錯。
然後辜負人家的
期望，那多無地
自容啊！
你把它歸咎為自己
的運氣，而非自己
的實力。

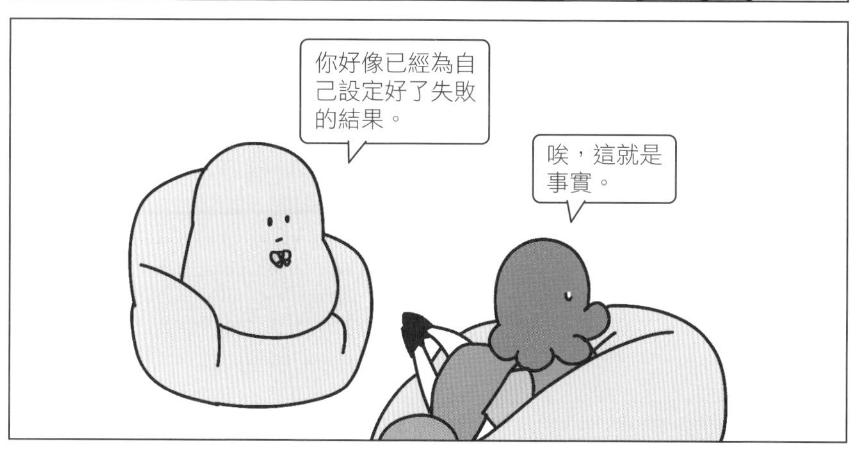
你好像已經為自
己設定好了失敗
的結果。
唉，這就是
事實。

而且似乎當別人稱讚你時，你覺得自己配不上這種稱讚。
考慮到自己的「真面目」，你不敢接受更有挑戰性的工作和更高的位置。
對，我被高估了，實際上我沒他們說得那麼好。

聽起來像是一種「冒名頂替症候群」——因為他人的不知情，你冒名頂替了更優秀的人。
沒錯沒錯，就是這種感覺！

因為我不配，所以別人認為我優秀時，我感到誠惶誠恐，心虛又愧疚。

覺得自己不配，這種感覺令你很難過吧……

難過……是啊，彷彿自己不配得到擁有的一切。謝謝你理解我。
不甘心但又無能為力！

接下來，我想問一個可能會讓你不舒服的問題，可以嗎？
可以，是什麼？

請你盡力想一下，記憶中最早的那句「你不配」，是誰告訴你的？

印象最深刻的，是我國中的老師……
那可真是讓人不願想起的回憶……

那時生物剛開課，我非常喜歡，下定決心好好學。
長大我想去研究大自然！

於是在第一次生物考試中，我叩足勁拿了不錯的成績。
理科第一次考這麼好，我的努力沒有白費！

老師卻找我過去……
毛毛毛，根據你平時的成績，我有點懷疑你這次考試的真實性。

當時我覺得一盆冷水澆到了頭上。
我，我沒有……

從那以後，我對生物課就失去了興趣，也如老師所說，再也沒有考過好成績。
老師覺得我作弊了，我不該得到這樣的成績。

你現在如何看待這件往事呢？
我現在已經知道是那個老師有問題，我為自己感到不值。但是我現在好像又像那個老師一樣對待自己，有點自虐……
不公正的評價變成了自言自語……

但這已經成為我的慣性思維了，我該如何面對這種自我懷疑呢？

除了剛剛所說的「剝離他者的評價」，我還想問，當主管肯定你的提案時，除了惶恐，你還有其他感覺嗎？
嗯……開心？雖然只有一瞬間，但畢竟是自己的心血，其實也想試試。

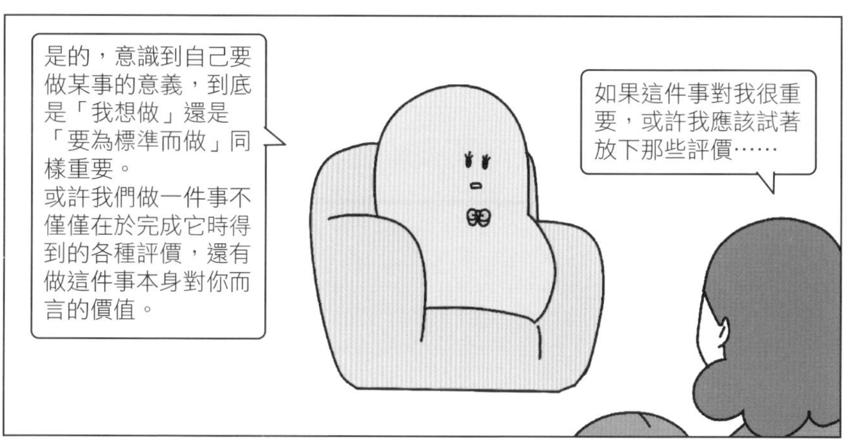
如果這件事對我很重要，或許我應該試著放下那些評價……
是的，意識到自己要做某事的意義，到底是「我想做」還是「要為標準而做」同樣重要。
或許我們做一件事不僅僅在於完成它時得到的各種評價，還有做這件事本身對你而言的價值。

諮商結束了。

我確實不完美，會遇到困難和失敗，但那又如何呢！
這不代表這樣的我不夠格，冒名頂替的感覺也並不就是真實情況。

我應該活得更理直氣壯一點，不必害怕自己被當成別人。
因為那個人始終是我。

不漂亮有錯嗎

所謂的「美麗審判」，從根本上就是個陷阱

微妙哦？
……
唰

你還記得小時候的事情嗎？

上學時，班上的女生會被某些人按照顏值評分，分成三六九等。
不及格組
優秀組

存在感太低，經常無意間被忽略。
輔導老師→
他大概把你忘了。

也會有些奇怪的聲音。
毛毛毛，女生化妝是對他人的尊重，你也整理一下。
你怎不化？
啊？

一個性格內向加不漂亮的人，等於十足的「透明人」哇。
那你會羨慕美人嗎？

說不羨慕是騙人的。不過與其說是羨慕，不如說想被更公平地對待。
以貌取人真討厭。

雖然愛美之心人皆有之，可是顏值真的那麼重要嗎？如果我沒有「美麗天賦」，或者我想像其他人一樣，把精力放在「美麗」以外的事上，不行嗎？
是否「美麗」總是評價女性的重要標準？就連誇獎也總圍繞這個主題。

醜似乎總在阻礙我獲得幸福，不漂亮的人，就不值得被愛嗎？
畢竟這個世界上充滿了「美麗審判」。

沒有懶女人，只有醜女人
比如這種。

「禁止難看！」如果天生容貌不佳，就必須想辦法彌補，否則就是你的錯。
是懶惰，是錯誤，是不上進。

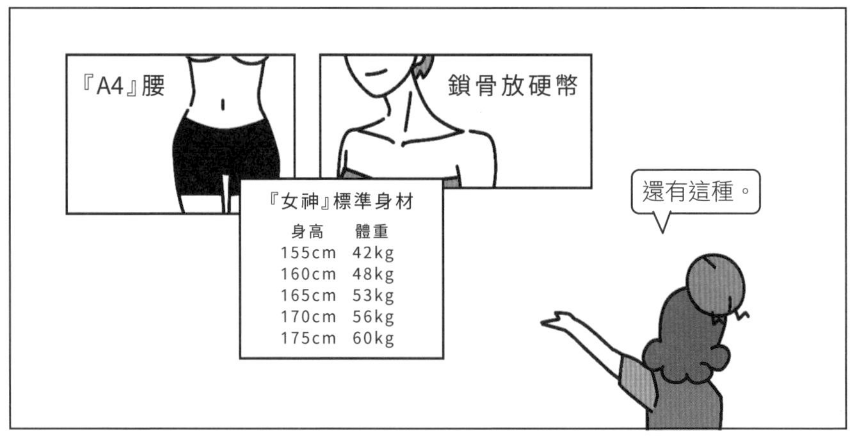
『A4』腰
鎖骨放硬幣
『女神』標準身材
身高 體重
155cm 42kg
160cm 48kg
165cm 53kg
170cm 56kg
175cm 60kg
還有這種。

豎起一道門檻，告訴你「只有達到這個標準才合格，你才能為自己的身體感到驕傲」。
相比之下，不達標的你是多麼不堪。
A4
(橫)

於是你開始容貌焦慮，最後商人就可以賣這些給你！
都是生意。
化妝品
減肥瘦身套餐
醫療美容

如果大家都要透過「美麗審判」才能確定自我價值，那確實只能削尖腦袋拚命去美。
女性必須愛美嗎？

不過別說是醜人，人們對美人也很苛刻。
那倒也是。

網路上就有各種評論

××小組
×××是自然老去的典範嗎？
變老還有典範？
樣貌憔悴，×××的顏值一去不復返了嗎？
網友留言：老婆變大媽了！
誰是你老婆。
時尚××
比發福更可怕，知名女星也未能倖免！
如何預防臉大？
去問女媧吧。

雖然作為普通人，你沒有本錢同理明星，但也不得不說，就連美女也逃不過「美麗審判」。
連×××都不算美了嗎，心情複雜。

想想那些對美人的惡語，「紅顏禍水」、「殘花敗柳」、「狐狸精」、「胸大無腦」……長得美也會被扣帽子。
作為被審判的對象，你無權決定自己被扣上什麼帽子，就連被侵害時，容貌都成了罪過呢。

太難了吧！不僅要對抗基因，還要對抗地心引力，要恰到好處，還不能留下把柄。要購買產品，還要背上罵名，無論你做什麼都有不足的地方。就算再美都躲不過——「你看她這麼美，卻要過期了」。
甚至還有雙重標準，不美和太美都不行。

所以「美麗審判」，
100%是個陷阱！
一旦相信就會被
拉入萬劫不復的
痛苦深淵！
除皺淡斑了
解一下！

減肥瘦身
了解一下！
不了，謝謝。

可是人們總是喜歡評價
別人的長相，我們也管
不了別人。那不美的人
到底該怎麼辦？
你有權評價，
我也有權拒絕
評價！
……

顏值不是通往幸福的唯一途徑，我不需要經過他人對我外貌的審判，才能擁有自我價值。顏值重不重要，我自己說了算。
就是這樣！

是什麼？
我今天自己想通了一件事。
我管別人喜歡什麼！

不過並不是說外表對人不重要，外表是認識他人並留下印象的重要依據。保持健康整潔，認真呵護自己也是對自己的尊重，但不應將外表作為評價自己和他人的唯一標準，更不要被商業操作所影響。保持獨立思考，審美是多元的，尊重自己，尊重他人。
沒錯！

女人就應該……

別想用你淺薄的印象，困住這麼豐富的我

起因是我開車倒車了好幾次都停不進車位裡。

女司機都這樣，慢慢來。

倒車請注意——

朋友的話聽起來是安慰，我心裡卻覺得不好受。

想一想這樣的事還有很多。
女生就是方向感不好。
我方向感好著呢！

比如，在公司，有些事務會拒絕女性參與。
毛毛毛，這個案子要出差和外出考察，環境艱苦，女生不太方便，你就別參與了。
哪裡不方便？
我不怕辛苦……

但也會有一些「女性限定」的工作。
毛毛毛，年底的商務年會你們女生準備個節目，炒一下氣氛吧。
我是氣氛組？
這種我不方便。

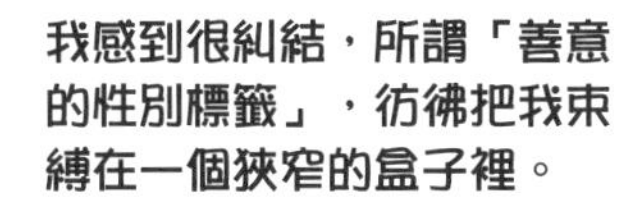
我感到很糾結，所謂「善意的性別標籤」，彷彿把我束縛在一個狹窄的盒子裡。

家庭
嬌情
情緒化
溫柔
細膩
女司機

這是哪裡，我是誰？

不管我擅長什麼，不擅長什麼，都經常被解釋為男女有別。我該正視自己的性別優勢和局限嗎？
我對這些「優勢」和「局限」的真實性存疑。

當被評價這兩種狀態（優勢和局限）時，你是什麼感覺？
我感覺自己被困住了。就以開車為例，即使我停車不熟練，但那僅僅是我個人的問題，而且我覺得不熟練也是暫時的。
我不想在追求某種能力時被我的性別所困，也不覺得自己可以代表別的女性。

「己所不欲，勿施於人」，
你做得很好。
可我也不想被
別人代表。

你知道有那種「女司機」的
說法吧？聽起來好像是某種
照顧，卻有種「歧視」的味
道，彷彿貼上這個標籤，你
就被剝奪了某種能力。
新手女司機出沒
新手女司機出沒
是不是我太敏感？

我不需要「特權」或
「優待」，我只想被
平等地看待。
好像你在被自己的能
力定義之前，先被你
的性別定義了。
就是這種感覺。

比如，讀書的時候，有人說「女生現在成績好，但男生『有潛力』」。而且女性工作後有能力又會被質疑，比如，公司裡的茶水間也常常流傳出「某女性靠睡上位」的猜測，但男性就沒有。難道女性不能正常地擁有這些能力嗎？

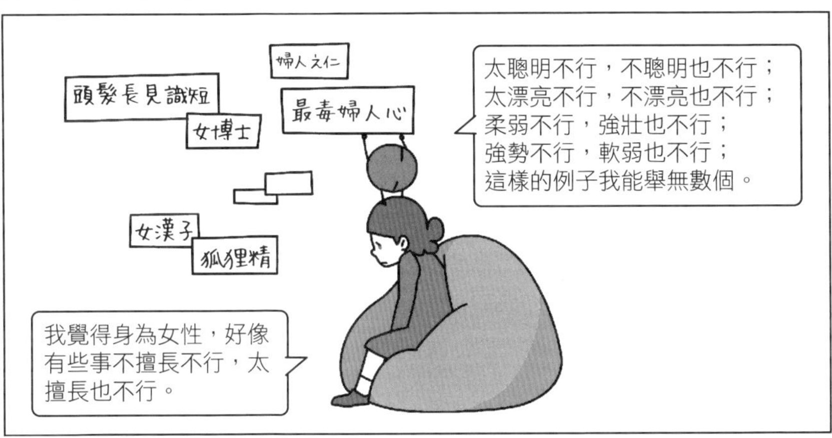

我想「多愁善感」並不是一個應該被局限在性別裡的形容詞。

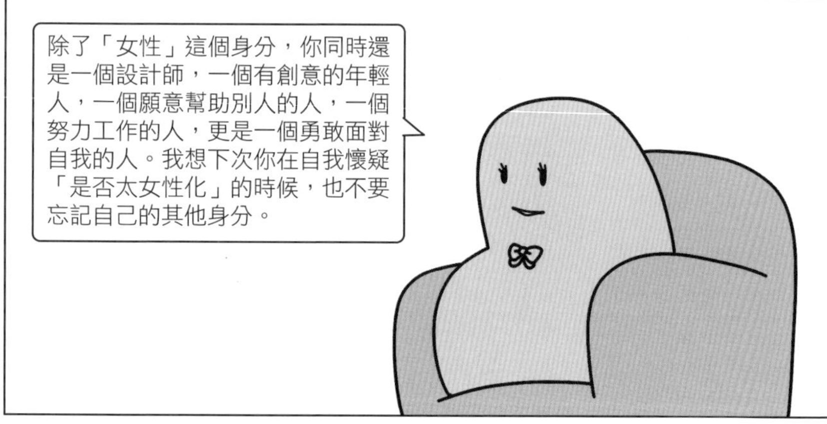
除了「女性」這個身分，你同時還是一個設計師，一個有創意的年輕人，一個願意幫助別人的人，一個努力工作的人，更是一個勇敢面對自我的人。我想下次你在自我懷疑「是否太女性化」的時候，也不要忘記自己的其他身分。

那些不被性別定義的身分？
是的。

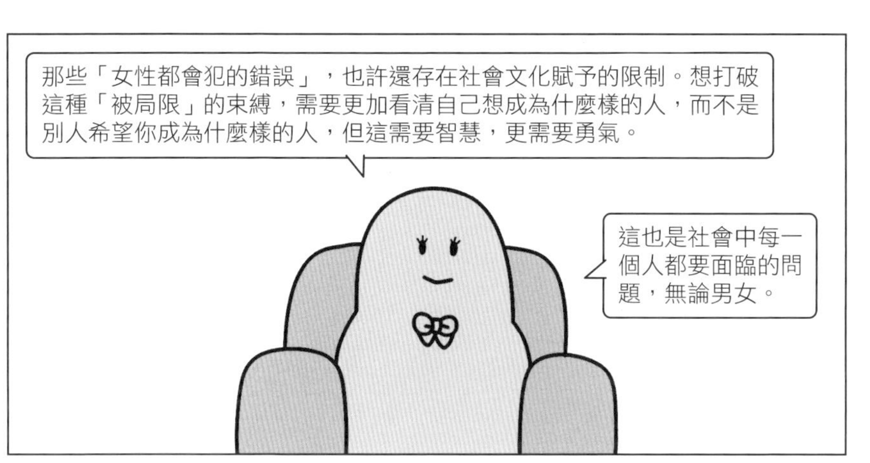
那些「女性都會犯的錯誤」，也許還存在社會文化賦予的限制。想打破這種「被局限」的束縛，需要更加看清自己想成為什麼樣的人，而不是別人希望你成為什麼樣的人，但這需要智慧，更需要勇氣。
這也是社會中每一個人都要面臨的問題，無論男女。

和做到「適合的程度」相比，我更想做到「我想做到的程度」。

我想用「自我」去奔跑。

華夏大地降生的毛毛毛，
家用汽車的合法駕駛人，
公共自行車的競速選手，
心思細膩的探索者，
自然科學的堅定信徒，
恐怖片與科幻片的忠實粉絲，
廚房中的「災難」製造者，
手工達人。
正是在下！

「我就是這樣的人」

探索自我不必「貼標籤」

我還有「社恐」T恤和「保持距離」帽子哦
社恐
keep out
這個形容非常像我吧，害怕陌生人。
警告陌生人不要靠近我！

有種拒絕的意味，也許真的有人想向你搭話，看到袋子就猶豫了。
那就是我想要的效果呀。

雖然我也知道這不是什麼「好詞」，但我就是這樣，說出來反而有種安心感。
所謂「接受有瑕疵的自己」，對吧。

記得小時候我看過一部電影，裡面有個胖女孩，她在自我介紹的時候都稱自己「胖艾美」。

她覺得如果自己先叫了，那別人就不能再嘲笑她胖了。

……雖然艾美表現得比較誇張，但我很贊同她的觀點。
與其被人發現我不善言辭，不如先承認自己是「社恐」；與其被人評論性格孤僻，不如先說自己性格古怪。
我先自「曝」，就沒人能「曝」我了。

所以其實你並不喜歡自己身上的這些特質，而且不太希望被別人揭露出來？
就像艾美其實也介意被別人嘲笑身材

不過我不介意自己說出來，只是不想被別人說出來。所謂「安心感」就是指這個吧。
我自己先把問題曝露出來反而踏實了。
先發制人。

感覺你對別人還是有些戒備？這樣的「自我曝露」像是某種心理避風港，但又感覺有點悲傷。
因為你並不喜歡這些特質，也承認那些不是「好詞」，像是「我先傷害了自己，你們就不能傷害我了」。

是這樣的嗎？
悲傷？

戒備我承認，不過你是第一個覺得我悲傷的人。
我以前從沒這麼想過……我只覺得這些是自嘲，能化解一下尷尬，或者傳達給別人某種底線：我就是這樣的人，你不要對我有什麼期待。
隨便抱有期待是會失望的。

我明白你的感受……雖然自嘲一下沒有問題，但是向別人傳達「我就是這樣的人」的同時，也在暗示自己「我就是這樣的人」，是否把自己也限制在這些標籤裡了呢？
你真是這樣的人嗎？

而且你介意被別人發現的這些特質，或許並不真的是什麼不好的問題……也許在有些人眼裡，這些反而是你身上的特別之處，會被它吸引呢。
這我倒是沒想過。

一直以來我都滿喜歡為自己貼上各種「標籤」，我覺得這些都只是釋放壓力的自娛自樂，不必無限上綱。
我貼
奇葩
內向
社恐
吃貨
毒舌

飄落
標籤
但從沒想過這些
「標籤」對我自
己的影響。

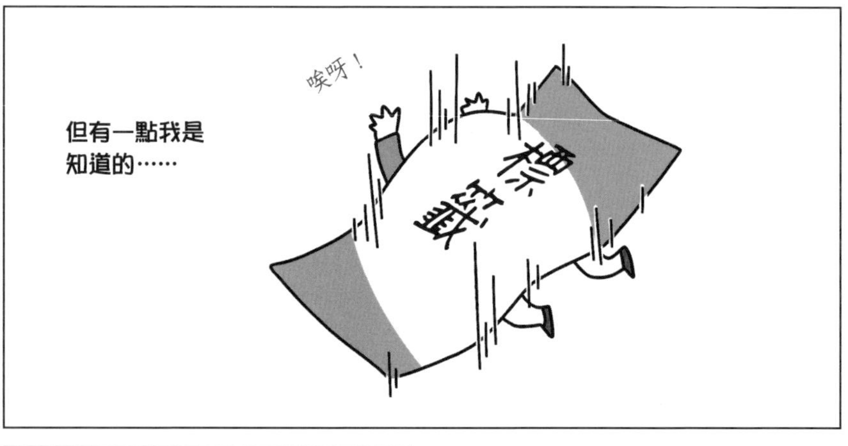
唉呀！
但有一點我是
知道的……
標籤

那就是：我究竟是怎樣的人，是無
法被幾個「標籤」就限制住的。
站起
撕

不過我真的很喜歡這
個袋子就是了。
勿近
生人

Chapter 2　人際關係

真正強大的人絕不是什麼精於算計的人，

而是既能坦然面對自己，也能對人報以善意的人。

今天也清新而自然地沉默吧

「死亡」開場

我進行心理諮商已經有幾次了，對談話模式也逐漸熟悉起來。但是有一件事一直困擾著我，讓我對諮商這件事有點難以面對。

一件說大不大、說小不小的事。

………

…………
扭捏

……………

在她等著我開口說話的時刻，我痛苦的回憶被喚起了。
………………

我想起小時候……
來給大家表演一下你新學的舞蹈吧。
!!

上學的時候……
你上來解一下這個題目。

工作的時候……
你來介紹一下這個提案。
!!!

我將這種期待我主動開始前的沉默稱為——
「死亡」開場
嘻嘻嘻……
快說呀……
來表演啊
說出你的想法
介紹提案
上來解題
說呀說呀……

醒醒，你之前列的話題清單呢！
啪
一個也想不起來了！

這時我就會慌亂地隨便找個話題開始……
呃，最近遇到了一件事……
……
說說看。

但是當談話進入正題後，這種尷尬和焦慮又會消失，50分鐘的諮商時間一下子就過去了。
時間差不多了，今天就到這裡吧。
時間已經到了啊。
明明開始的時候那麼扭捏，一旦聊起來又變得很能說。

後來我把這個想法告訴了諮商師。
我覺得開始時等待我來開口的階段太尷尬了。
為什麼呢？

嘿喲
快走吧
這段尷尬的沉默期，好像在暗示我「快說呀，快說呀」，有種「我拉著一臺小車，你坐在後面驅使我快往前跑」的感覺。
雖然我也知道是自己主動尋求幫助的，我必須說些什麼……

主動開始會讓你
感到壓力嗎？
我覺得你並不是有意
給我壓力，但我確實
感覺到了壓力。

可以確切地講講
是什麼壓力嗎？
呃……比如
怕講不好？
像考試一樣。
這裡是沒有標準的。

……如果我不開口，難
道大眼瞪小眼50分鐘？
不行！
錢都付了
也不是不行。

是什麼重點呢？
……沒辦法一下子講到重點？
我的真實感受……
好像也不對
還不夠真實嗎？

你希望我說
些什麼呢？
比如由你先
開始……
我不想聽說教哦。

……
無言以對
自己都不能說服自己
所以你的這些擔
心真的合理嗎？

雖然諮商師讓我了解到我的擔心其
實並沒必要，但我仍然抱著些許疑
惑……
也許下次我們能
談談你的壓力。
好啊。

我究竟想要一個怎樣的開始呢？我並不怕談話本身，也許我只是想找到一種更「安全」的方式，讓我能夠不那麼尷尬吧。
原來我那麼在意「安全感」呀……
我是這樣想的嗎？
可是你自己不知道怎麼開始，卻期望別人能夠符合你的意志替你開口，這樣也不對吧。

唉，好難呀

雖然我在開始的時候仍然會感到尷尬，我還沒有找到那種「最佳」的方式，不過在沒有找到徹底的解決方法前，也許慢慢適應也是一種方式吧。
怎樣的氛圍會讓你感到更安全呢？
談話的安全氛圍對我來說很重要……
我就是「社恐」嘛。

「尬聊」使我「社會性死亡」

只要我不尷尬，尷尬的就是別人

又到了我諮商的時間。

為什麼會愧疚呢？
談不上惋惜，也不是關係特別好的同學，但是讓我在意的是無話可說導致的尷尬和愧疚。
那可真是煎熬。
對方的話題我沒有興趣或者不了解時，就只能回「哦哦」或者傻笑，感覺自己很敷衍，所以愧疚。
長篇大論
???
但其實真的是不知道怎麼接話。
但如果我說了很多，對方只是「嗯嗯哦」地回覆我，我也會很尷尬、很在意。
滔滔不絕
……
如果感覺對方不太用心，就不想再繼續聊了。

更糟的是，我還會擔心哪句話說錯，讓人不高興。總之三句話聊不起來，我就想拔腿逃跑。
你要是逃不掉，我就只好先下線了。

其實作為「社恐」，不聊就不聊了，但是如果碰上工作方面的事情，那才叫痛苦，畢竟有時候就是不得不「尬聊」啊。
一定要聊下去嗎？

比如會議中途的休息時間或者應酬……總不能和客戶大眼瞪小眼，所以只能勉強自己「健談」，有時說得驢唇不對馬嘴，感覺精神超級疲憊。
商務閒聊簡直是「社恐」噩夢！
別說了，喚起了我的PTSD（創傷後壓力症候群）……

所以你很怕「尬聊」，有時候又不得不「尬聊」，這讓你很痛苦，而且你好像也很在意別人的反應，怕自己說得不好。

你怎麼知道別人聊得很輕鬆？也許大家和你一樣絞盡腦汁呢。
對，只要聊得不對頻都痛苦，但三句就能投機的人很少，為什麼別人都能輕鬆地聊天呢？

看氛圍就知道啊。我聊得這麼尷尬，對方也會尷尬起來，經常不歡而散，總之我就是有交流障礙。
尷尬是會傳染的。

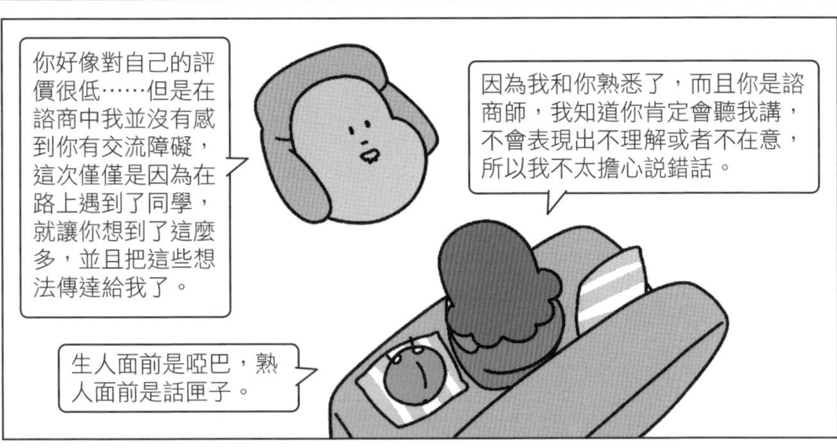
你好像對自己的評價很低……但是在諮商中我並沒有感到你有交流障礙，這次僅僅是因為在路上遇到了同學，就讓你想到了這麼多，並且把這些想法傳達給我了。
因為我和你熟悉了，而且你是諮商師，我知道你肯定會聽我講，不會表現出不理解或者不在意，所以我不太擔心說錯話。
生人面前是啞巴，熟人面前是話匣子。

也就是說，只有談話關係讓你覺得足夠安全時，你才能不緊張，輕鬆地說話。我想起我們剛開始諮商的時候，你也是因為不知道怎麼開始而緊張。
對，緊張讓我更沒法開口，放鬆才能思維活躍，但別人不會都像你一樣以我為中心，而且我們也是談了很多次才建立起信任關係。
據我觀察，大家都喜歡以自己為中心。

所以你一直在觀察對方（包括我）的反應，見機行事，一旦對方讓你感到不安，你就會戒備起來嗎？
是的，哪怕對方顯露出一絲的冷漠，我就不想說了。

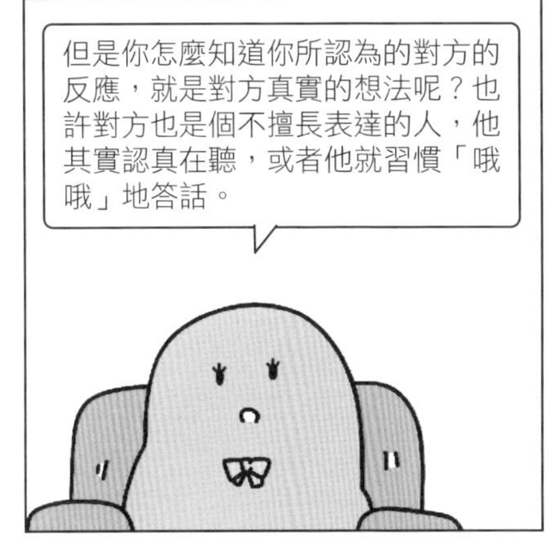
但是你怎麼知道你所認為的對方的反應，就是對方真實的想法呢？也許對方也是個不擅長表達的人，他其實認真在聽，或者他就習慣「哦哦」地答話。

我並不知道，也只是從觀察到的蛛絲馬跡中推斷，如果看錯那只能很遺憾了，所以我也很難建立關係……
是個用高冷來掩飾交流障礙的傢伙。

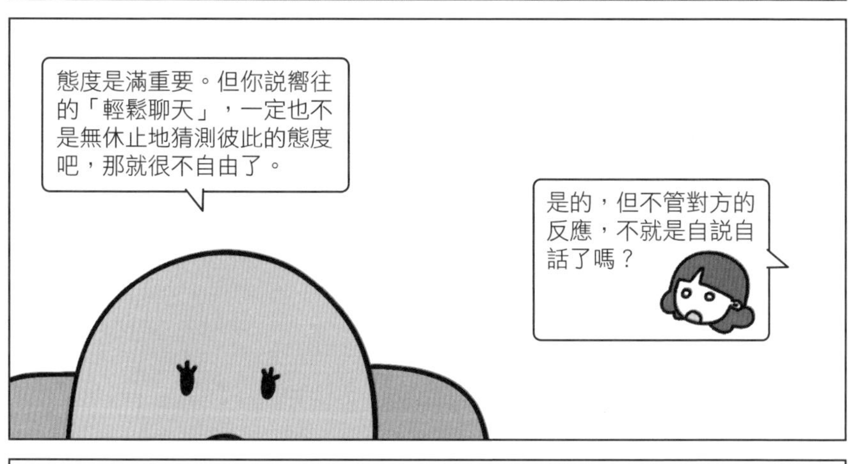

真誠而禮貌的交流，對方也能感受到

我明明不擅長察言觀色，卻總在猜測別人的想法，因為擔憂自己說得不好而內心慌亂，因為害怕尷尬而導致更加尷尬……

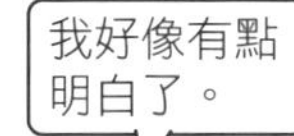

我一直想改善自己的交流障礙問題，但先改變對自己的態度，才是擺脫枷鎖的開始吧。

如果人與人的關心能衡量就好了

承認痛苦無法相通，也許是達成共識的第一步

我經常因為身邊人的情緒，而感到手足無措。

比如對方生氣的時候……

而對方傷心的時候，我也不知道如何安慰。
啊……那個，你別傷心了……
好無力的安慰喲。
嗚嗚

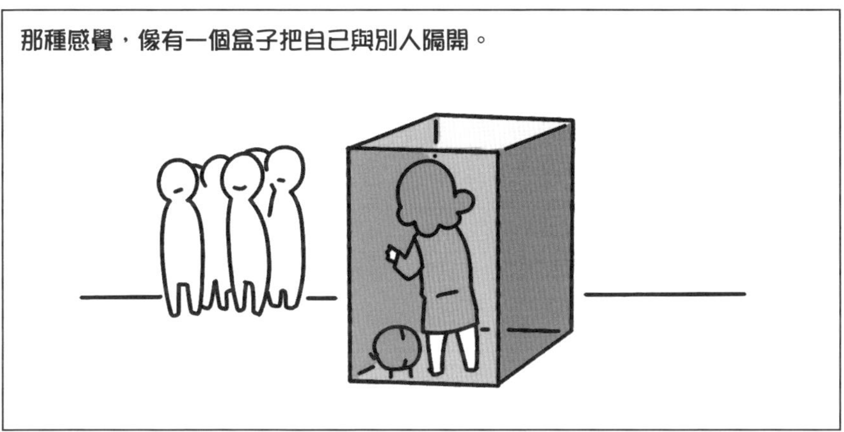
那種感覺，像有一個盒子把自己與別人隔開。

視訊諮商中
因為如此，我不擅長安慰別人，所以我自己的孤獨和痛苦也是無解的。

毛毛毛的關心公式

我關心別人 = 別人關心我：皆大歡喜

我不關心別人 = 別人也不關心我：報應但公平

我關心別人 ＞ 別人關心我：失望

這麼來看，所謂「關心」是有一個數值可以衡量的。
還真的像數學題目一樣
但我這樣是不是太功利了……

?
?
因為這個數值很主觀吧，你認為不夠的關心，不代表別人也覺得不夠，無論是從你這裡得到的，還是他人給你的。
甚至還有傳達的問題

嗯，看不到關心的分量，畢竟我也不知道怎麼表達對他人的關心，所以還是不要奢望比較好……
你這樣猜來猜去累不累啊。
算來算去的

如果有一個理想國就好了，在那裡，「關心」是一種透明的情緒，一種可以被等價交換的物品。這樣大家都不用揣測、計較、糾纏。

一切一目了然。
小A的愛心數量
毛毛毛的愛心數量

給你。
交換！

雖然我能理解你說的一切透明
的理想國，但人是複雜的，情
感是非常私人的事情，同樣的
事情會給不同人帶來不同的感
受，而這種感受也無法完全交
給別人來理解。

因為大家都無法互相理解，所以也不能對平等的關心抱有期待嗎？
我掐指一算，也算不過來。

其實這只是程度和認知上的區別。關心別人和期待別人關心都是正常的，但如果把它絕對化，用主觀的數值去衡量得失就有些不夠真實了。

就像互寫考卷一樣，

有時可能無法解出對方的題目。
= ??
× ?

但如果以互判的分數來衡量關心，就會陷入分數的計較中。
糟了……

因為關心並不是猜透別人心思的數學題目，
更不是期待別人來拯救自己的籌碼。

承認痛苦無法相通，也許是達成共識的第一步，但相互關心，是出於彼此真的在乎對方。

關心只是因為你想這麼做，而你也值得被關心。

所以讓心去指路吧，這題數學我罷考了。

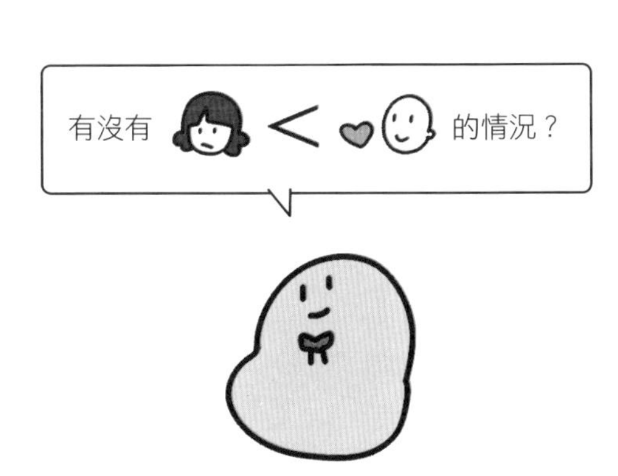

忍不住生氣，又不敢發火

健康的人際邊界，並非一成不變的態度

你的情
商呢？

有時既守不住邊界，又得罪了人。
我已經不知道該用什麼態
度來面對這個世界了……
選一個吧。
得罪人
忍耐

得和諮商師聊聊。
覺得自己的邊界有時飄忽不定，
到底什麼才算正確的邊界感呢？
怎麼講？

當別人入侵我的
邊界時，我會感
到被冒犯。或許
這也算是進步，
畢竟以前我只會
呆滯又遲鈍。但
我依然不懂，該
怎麼應對那種冒
犯呢？
總不能一感到不爽就憤
而反抗，這樣的話會變
成總在唱反調吧。

在什麼情況下無
法應對，反抗又
指什麼呢？

比如面對職場
主管或長輩，
我總不能生硬
地嘴回去，會
有很多顧慮。
而且對於不同人，
我的感受也會有所
不同。

所以我迷惑的是，邊界是否會隨
著關係而變化？如果對所有人統
一標準，會不會變得不近人情？
誰都不准
越界！
太「硬」
了吧。

可放寬標準，讓邊界模糊一些，有時就無法保護自己，也可能冒犯他人。
雙方都沒有邊界，就是互相傷害。

邊界是你自己制定的規則，它意味著：在這個範圍內，什麼是合理、安全、可以接受的。
如果你感到被冒犯，那這種感受對你來說就是真實的，無論對方是誰。

而你說的「嘴回去」似乎是表達方式，但如何表達和邊界是否清晰是兩回事。
所以到底什麼才是清晰的邊界感呢？

清晰的邊界感是，你尊重自己的感受，知道自己的邊界在哪裡。但對於不同的情況，可以採用不同態度，這並不代表你的邊界是模糊的。

也就是說我有清晰的邊界，但表達方式可以靈活。
是的，清晰的邊界是對自己而言，並不是對他人生硬的態度。

我想起一種情況。比如，我以前很介意別人隨便評價我的長相，因為我心裡覺得外表很重要，但有時又覺得多大的事，有必要計較嗎？
會懷疑自己小題大作。

不過現在就不太介意了，因為我知道隨便評價別人長相真的很沒禮貌。
我可以一笑而過，也可以據理力爭。
不必非得證明什麼。

這表示你的認知成長了，邊界也發生了變化，應對的方式也就更加自由。

今天我對「邊界」又有了更深的認識。
健康的邊界並非指一成不變的態度，它也可以是靈活和富有彈性，並且隨著成長而變化的。
也是某種心理彈性。
有緩衝區，也有底線。
彈性地帶

但邊界應該是清晰的，因為只有清晰的邊界，才能賦予我自主選擇的權利——

我有權決定自己在什麼條件下能接受什麼，不能接受什麼，以及用什麼態度來應對，能夠抵禦他人的冒犯或者利用。

媽媽，這是我對你的愛

或許養育者也不是完美的

從出生起，我從未離開過家鄉，一直和母親生活在一起。

很多外地的朋友經常羨慕我，每天都能夠和家人相處，不會經歷思鄉之苦。

但在感情深厚的背後，我和母親也經常會因為雞毛蒜皮的事情吵架。

有時我也不甘示弱，奮起反抗。
「歪樓」了。
我這麼大了……
看你以後自己一個人怎麼辦！
只會頂嘴，說一句你有一萬句等著！

總之，每次吵架都不歡而散。
好啊！你現在有本事了，嫌我管你了！
……

但吵完架後我總是既委屈又後悔，我和諮商師聊起這些來。
一邊說我沒自信，一邊處處否定我，自信是補充維生素就能得來的嗎？
雖然都是些無聊的小事，但我就是感到生氣！

也許我活得這麼
彆扭，和家庭教
育有關。
但是你會來諮商，
我感到你是想修復
這些問題的。

我是想修復這些創傷，我也好好思考過。
奇怪的是，我好像也在用「活得彆扭」來
「報復」我媽，證明她錯了。
有些事我知道是為
我好，但是被碎念
多了就會反抗。

怎麼說？
口頭上反抗不了，用行動
來證明她這樣管教出來的
小孩長大後活得很失敗。
像是一種變
相的憤怒。
不想順從。

好像「獻祭」自己來證明她的錯誤，很悲壯了。
我知道這很幼稚。

那如果有一天母親認知到自己的問題向你道歉，你覺得自己的情況可以改善嗎？

這個假設真不敢想像……
心裡感覺怪怪的。

……我覺得自己並不想讓她道歉。

我確實渴望她能看到我受到的傷害，但如果讓她示弱的話，好像就剝奪了她的精氣神。
你覺得她的強勢也反映了她的生命力。
對。

雖然破壞力十足但很有精神。
吼
哥吉拉……

就像有股能量，她透過管教我來獲得，但如果我拒絕被管教，她就會枯萎。雖然這是有點自大的說法……
是某種身為母親的價值感嗎……

你覺得母親透過管教你來獲得「存在感」。而你需要為她負責，壓抑自己的不舒服，於是「活得彆扭」。

這麼說可能只是我的一廂情願，但是她的注意力總在我身上……
如果她的生命能夠更充實的話……

所以你想要的並不是母親的道歉，而是她能看到你在忍耐背後的犧牲和付出。
是的……
就是這個！

但是我知道媽媽也為我付出很多，我真的感謝她，而她有自己的立場和局限性，我不想透過讓她改變來讓自己獲得救贖。

你確實無法讓別人改變，無論是道歉還是感謝。
你覺得需要為母親負責，從這種說法中我也看到了你的力量。雖然她表面上更強勢，但你才是更堅強的那個，你一邊忍受情緒傷害，一邊提供兩人份的能量。

我並不想否定你要為母親負責的心情，
我認為那是你對她「愛」的表現，可能
不是強大、自信又獨立，或者是物質的
回饋，卻很隱忍和厚重。
你真的這麼認為？
我一直覺得自己很
沒用……

你理解了母親的立場
和局限性，願意默默
地付出和承受，這是
你對她的愛。
但你可以不依靠她的認可獲得幸福，
也不必透過活得彆扭來證明她「確實
錯了」。按照你自己的規則去生活，
這是你對自己的愛。

哇啦哇啦哇啦！
真有精神。

相親？要不算了吧

戀愛與婚姻，眞是人生的必需品嗎？

最近，家人介紹了相親對象給我。出於禮貌，我還是赴約。

雙方愉快而和平地結束了會面。
那祝你工作順利。
也祝你找到適合的人。

太可惜了，先試試看嘛，是個不錯的小伙子。
我沒這個心思，就別耽誤彼此時間了吧。
等你有這個心思的時候就太遲了！

親戚說得也並不是沒有道理。
可是我現在確實沒這個心思，就是覺得很麻煩啊。
為什麼覺得很麻煩呢？
人為什麼非要談戀愛呢？

我自己的事還忙不過來，還得想著對方，我沒那麼多精力。
那種牽腸掛肚的感覺，我無福消受。
無福消受？

唔……算是不喜歡談戀愛的狀態。
可以說說嗎？

你來說，畢竟是你的問題。
唉呀

就是一旦開始在意對方，就會想得特別多。比如擔心對方怎麼看待自己，連對方不回訊息都會煩惱，感覺被牽著鼻子走了。
彷彿心被掏空了。
需要猜測對方的意圖嗎？
對，非常累。

似乎「自己的情緒受到對方的影響」這種狀態，會給你留下不好的印象。
對，會感到焦慮。不舒服的感覺遠大於甜蜜，所以還是算了吧。
這樣也會給對方帶來壓力，既然都感覺不好，何苦呢！

或許因為你之前的經歷沒有建立起足夠的安全感。一段良好的關係，雙方是能夠感到自由，不必互相猜忌，又能彼此支持的。
我明白，不過現在我年紀大了，如果是以結婚為目的發展的關係，除了感情，要考慮的事更多。

比如價值觀、生活習慣、處事風格、對未來的規劃，甚至成長環境和家庭氛圍都很重要，如果只是因為扛不住壓力而結婚，萬一不適合，最後困擾的還是自己。
催婚有壓力，但結婚不是緩解壓力的辦法，甚至可能面臨更大的風險。

但也有聲音說生活就是相互磨合。只是有時我在想，如果我本身不嚮往家庭生活，物質上也沒有和人分攤才能維持的必要，那我為什麼一定要找個人磨合呢？

他人的想法來自他們的經歷和價值觀，如果你清楚了解自己的需求，是可以為自己做出人生規劃的。

目前來講，愛情不是我生活的必需品。

但有時想到我是獨生女，如果以後父母不在了，我也沒有家庭，可能會孤獨終老。

無論你做出什麼選擇，都需要付出代價，但是孤獨終老不一定是獨身的唯一結局，就像幸福美滿也不是婚姻生活的必然結果。

這還滿讓人傷感的。

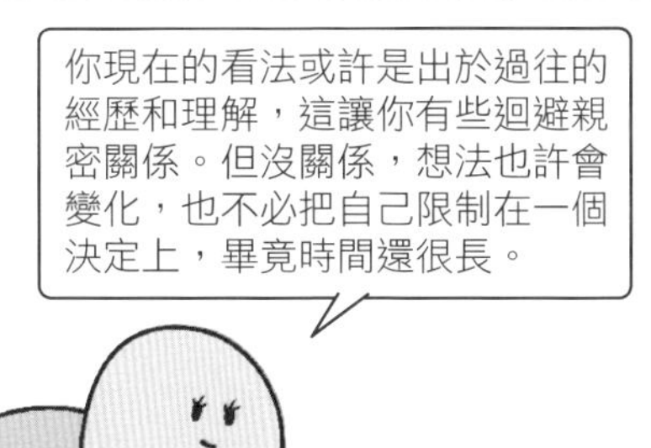

長久以來，我確實有個信念——
「我不適合談感情」。

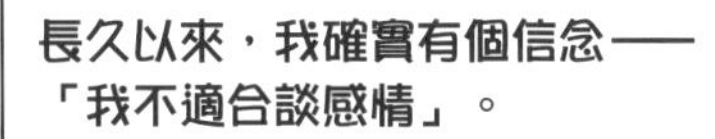

但或許這種想法也限制了我以更開放的態度和他人相處。

我不知道未來會如何。
也許我會一直忠於自己現在的決定，
也許未來會出現一個改變我想法的人。

但我知道，我越是了解自己，
越能把握自己的命運。

現在還是更熱
衷於賺錢。

沒關係，我還好

堅強需要勇氣，信任更需要

不知大家在生活中，有沒有遇到過這樣的人——他不輕易分享自己的情緒。

不習慣向他人求助。

做事優先考慮「獨立解決」。
搜尋：如何一個人搬家？
這麼累的事，還是別麻煩別人了。

見到這種人的行事風格，誰都會忍不住誇讚：「夠堅強，真獨立！」
自己搬家從樓梯上摔下來又自己去了醫院？
沒事。
你真行

但每每聽到這句話，他心裡也會默默苦笑一聲：
我這也是沒辦法啊！

沒錯，這說的就是我。
但堅強背後的辛酸只有自己知道。
其實很多時候都是自己硬著頭皮扛下來，並不是真的這麼堅強。
看到別人獲得支持，還有點酸。

遇到困難時可以像其他人一樣去求助嗎？
可以是可以，但總是會有一些顧慮。
嗚嗚……

比如，求助萬一被嫌棄，怎麼辦？
像這樣。
請幫我……
這個也不會，你真麻煩。

你似乎不太相信別人會幫助你。
如果被拒絕或被辜負，我會很難受。

我也不想讓別人看到我軟弱的樣子。
像這樣。
真是個失敗的傢伙。
狼狽的樣子太醜了……

好像也不太相信他人會理解你。
被人小看，自尊心大受打擊。

如果你真的需要的話……但似乎你對必要性有其他判斷標準。
還會懷疑，這些事真的有必要求助嗎？
覺得自己不值一提。

好像對你來說，他人有時會站在對立面，求助或者示弱可能意味著被二次傷害。所以你的堅強更像是一種迴避傷害的策略，並不是心甘情願，而是不得不的無奈。

是的，說起迴避，我想起了小時候的事……
可以被稱為「鋼鐵是怎樣煉成的」。

有段時間，我因為在學校被孤立，心情總是很差。
媽媽，我不想去學校，我覺得很難受……
不要遇到點困難就抱怨，大家都有難處，你長大後還會遇到更多的困難，總這麼脆弱怎麼行？
媽媽說得對，是我太脆弱了，我應該堅強點。

在學校，老師也總是更關注突出的學生，而我的存在感薄弱。
老師的評語：毛毛毛同學過於內向，希望能再開朗些，融入同學。
老師也顧不了我……

久而久之，我就形成了一種慣性想法……
我還是很難受，但說了也沒人理解，大家都很不輕鬆，我不能給別人添麻煩。
你不能依靠別人，你只能自己解決。

並不是抱怨，我當時真的能理解大人的難處，只是……
如果有人能看破我裝出來的堅強，願意主動關心我、愛我就好了……

這個故事聽起來有點委屈……確實，年幼時的求助如果總是無法被溫暖地回應，便可能形成「我不夠好，不配依賴別人」的信念，長大之後，有可能造成「迴避依賴」、缺乏安全感的情況。
我知道這樣不好，現在就變得和他人很疏遠……

也許是諮商師溫暖的回應，稍微融化了一點我那顆「防備」的心，讓我重新思考他人是否真如我想像般的苛刻。

雖然展現脆弱對我來說不容易，但或許我可以先從不那麼防備開始。

看來，堅強需要勇氣，信任更需要。
我有什麼能
幫忙的嗎？

我不是一座孤
島，我和世界
有船通航。
毛毛毛的島

有些事，我還是沒說出口

「安全可靠而包容」，是諮商合作得以延續的基礎

但即使如此，我仍然會對有些事在「說與不說」的選擇上猶豫不決。
有件事⋯⋯
？
啊！
警覺

還陷入了心理鬥爭。
這是埋在我心裡最深沉的祕密！
不能說！
唉呀⋯⋯
秘

但是如果不說出來就解決不了問題，給我！
哇哇哇！
秘

那種感覺就像是身體檢查，脫光才能讓醫生進行（其實並沒有）。
但我並不願意這樣做。
這算是諱疾忌醫嗎？
更衣室

於是我把這種感受告訴了諮商師。
並不是不信任你，我只是不喜歡被看透的感覺，有些事我就想埋在心裡不去面對。
這些是屬於我的祕密！

你有選擇說什麼，什麼時候說，或者不說的權利。
那我這算是逃避嗎？明明有問題卻藏著。

如果你覺得這是逃避，我們也可以來討論「逃避」的問題，但這裡不是一個逼你說出「祕密」的地方。

你不必靠「出賣祕密」來換取「治療」，我不是醫生，更不是狗仔隊。

我只是想變得更坦誠些……
如果什麼都不說，不就是「諮了個寂寞」嗎？

我感覺你在要求自己「坦誠」。雖然真實有利於溝通，但即使「不真實」也能反映一些情況，這是我需要面對的問題，而不是你的。

所以你不必擔心，只要真誠地面對自己就可以了。

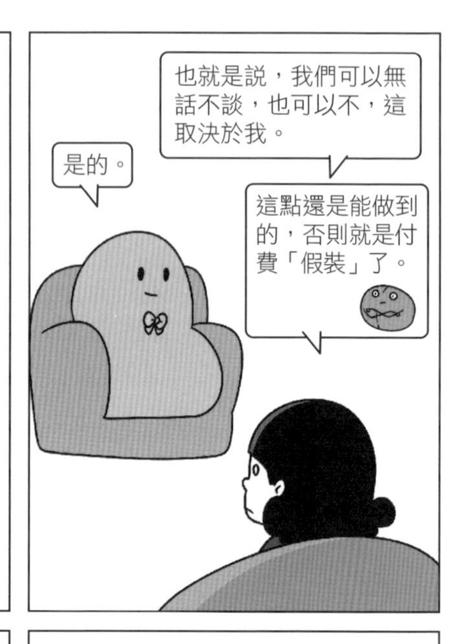

唯一需要確定的是，這一切都建立在你感覺安全可靠的基礎上。

另外，你剛剛提到「埋在心裡不去面對的事」也並不是一定要去糾正的問題，只要你的內心能夠接納和感到平靜，這些不去面對的事也是可以存在的。

在臨走的時候，我注意到了一個小東西。

這個白噪音播放器
是為了不讓外面聽
到房間裡的談話。
哇！

有點感
動呢。

最終，有些事我還是沒有說出口。
鎖上。
都鎖進保
險箱。

但我知道，這個小小的諮商室彷彿山洞一樣，
暫時把我和外界隔離。

當我走進這個山洞的時候，我知道我是自由且安全的。

Chapter 3　情緒管理

每一種情緒，都有它的價值。

凌晨3點，我還沒睡著

無論這一天過得如何，它都可以結束了

今天又是我諮商的日子。

沒錯，這次我要聊的問題是「失眠」。

有時候我會不停地滑手機，哪怕上面的內容並沒那麼有趣，我也會機械性地看。
能睡了嗎？
不行。

或者上演內心小劇場，把不堪回首的往事翻來覆去地想，越想越心悶。
當年你是怎麼想的！

熬夜給你的感受是什麼呢？
更多的是懊惱，覺得自己純粹在浪費睡眠時間，但是第二天晚上又會再次重複。
我控制不了我自己啊。

好像被內心某個聲音脅迫，它一直在和你說「不准睡」。
不准睡！
呀！
你是在說我嗎？

白天睡覺和晚上睡覺有什麼區別？
但是我白天睡覺就沒問題，什麼時候都能3分鐘入睡。
現在我就想睡。

白天入睡前大腦會一片空白，什麼都不願意想，然後就睡著了，但晚上就像被打開了某個開關。
從心情上來說，晚上睡覺有種奇妙的焦慮。
是什麼焦慮呢？

因為白天打盹我知道很快就能醒來呀，睡眠只是暫時的，醒了就可以接著做事，但是晚上睡覺就代表一天過去了，總有種不甘心的感覺。
但是今天沒做完的事情明天還可以繼續做，為什麼會覺得不甘心呢？

大概覺得自己這一天過得不滿意，就這樣結束
有種蓋棺論定的感覺，即使明天繼續，也代表
至少今天的我是失敗的，所以不甘心吧。
或者說是不
滿足感。

所以在某種意
義上如果自己
不睡，這一天
就不會結束？
就是這種感覺。彷彿是
應對白天的無力感，用
不睡覺的方法報復性延
長可支配時間！

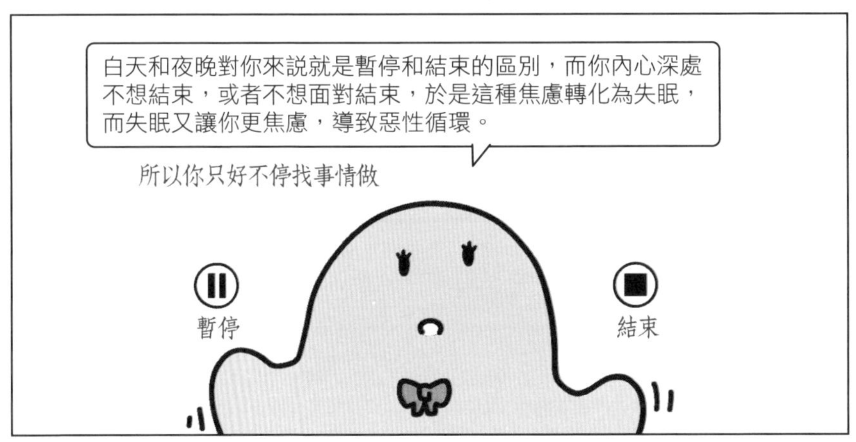
白天和夜晚對你來說就是暫停和結束的區別，而你內心深處
不想結束，或者不想面對結束，於是這種焦慮轉化為失眠，
而失眠又讓你更焦慮，導致惡性循環。
所以你只好不停找事情做
暫停
結束

找到失眠的原因了！
多年的謎題解開了！
原來我不是夜貓子！
賀
找到失眠原因
太
我只是太焦慮了！

但是就算知道了我失眠
的原因，又如何擺脱白
天的那種無力感呢？

我想這其中還有控制感缺失的因
素，但我希望你能認知到：即使白
天過得不滿意也沒關係，因為一天
的結束並不意味著時間結束。

今天結束了，你仍然有機會在
醒來後繼續做事。如果覺得白
天的可支配時間不夠，那可以
再找更合適的時間，但不是侵
占晚上的睡眠。
也就是說讓自己從內
心深處真正接受「今
天可以結束了」，我
才能睡得著。
是這樣。

一切都還來
得及。
天塌下來也等明
天再收拾吧。

這次你終於知道
我在想什麼了。
我比較希望你什
麼都不要想。
找到了問題才
能解決問題。

毛毛毛小劇場

失眠大師的入睡小技巧分享

調低周圍的照明亮度，保持溫度適宜，讓自己平靜下來。如果是喜歡內心小劇場的人，躺下後要有意識控制自己不要東想西想。
一切都慢下來吧……
……

如果實在控制不了自己的思維，可以嘗試聽些白噪音，或者想像某個能令自己平靜的單調場所，把思維限定在那裡，總之就是降低思維的活躍度。
一艘小船，我在裡面搖啊搖……

搖啊搖……

搖啊搖……

但重要的是從心底接受「我要睡了」的
心理暗示。

ZZZ····

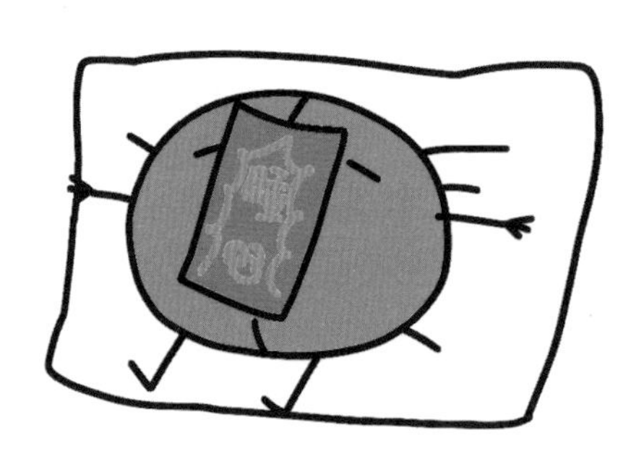

壓力一大，就想吃東西

應對情緒性進食的 5 個辦法

我的工作，有時讓人身心疲憊。
每每感到壓力時，我的手就會不自覺地伸向食物。

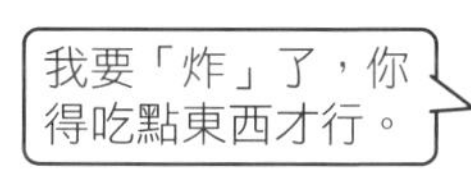

還對高熱量食物情有獨鍾。

有時明明吃了晚餐，還想來頓宵夜。

而進食似乎是無意識的，我有時吃得又多又快。

直到肚子不舒服才會反應過來。看著各種包裝袋和飆升的體重，想起自己的放縱，我感到無比的羞恥和愧疚。

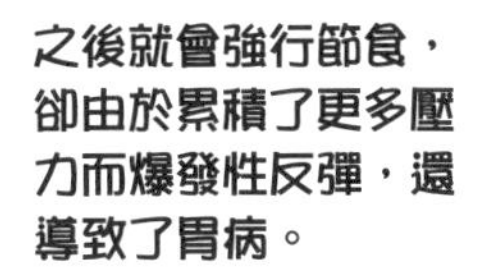
之後就會強行節食，
卻由於累積了更多壓
力而爆發性反彈，還
導致了胃病。

我很沮喪和煩躁，
但你不能吃東西，
你太胖了！
我好餓，胃還
有點痛……

為此我苦惱得不得了。
我控制不了食欲，總是想吃
東西，是不是有什麼病啊。
難道是暴食症？
可以說說
情況嗎？

我總是想吃東西，尤其
是感到煩躁時。或者無
所事事時也會不自覺地
找東西吃，完全控制不
了自己。
想吃甜食，不給就鬧！
完全無法控制嗎？
曾經試圖用喝水代
替，也保持不了。

要說完全無法控制也不算，也有因為太忙顧不了吃的情況，心情特別憂鬱的話也會沒食欲，如果狀態比較好，也能控制一點……
主要是心裡空落落的時候，就會想用食物來填滿。

頻率和食量呢？
三餐還算正常吧，但下午和晚上吃零食比較多，比如奶茶、餅乾、巧克力、洋芋片之類。吃了晚餐還想吃宵夜，尤其是加班的時候，串燒啦、泡麵什麼的。
這樣列出來真不少。

難道單純地只是個吃貨？
你的情況應該可以排除進食障礙，但可能存在「情緒化進食」的情況。
情緒化進食，是什麼？
一種你應對負面情緒的不良策略，算是一種飲食失調。

你說想吃零食一般是在情緒不好的時候，這可能代表，進食和你的情緒連結在了一起。
吃東西好像是我的一種排解情緒的方式。
吃的時候確實能好受片刻，吃完心理負擔卻很大。

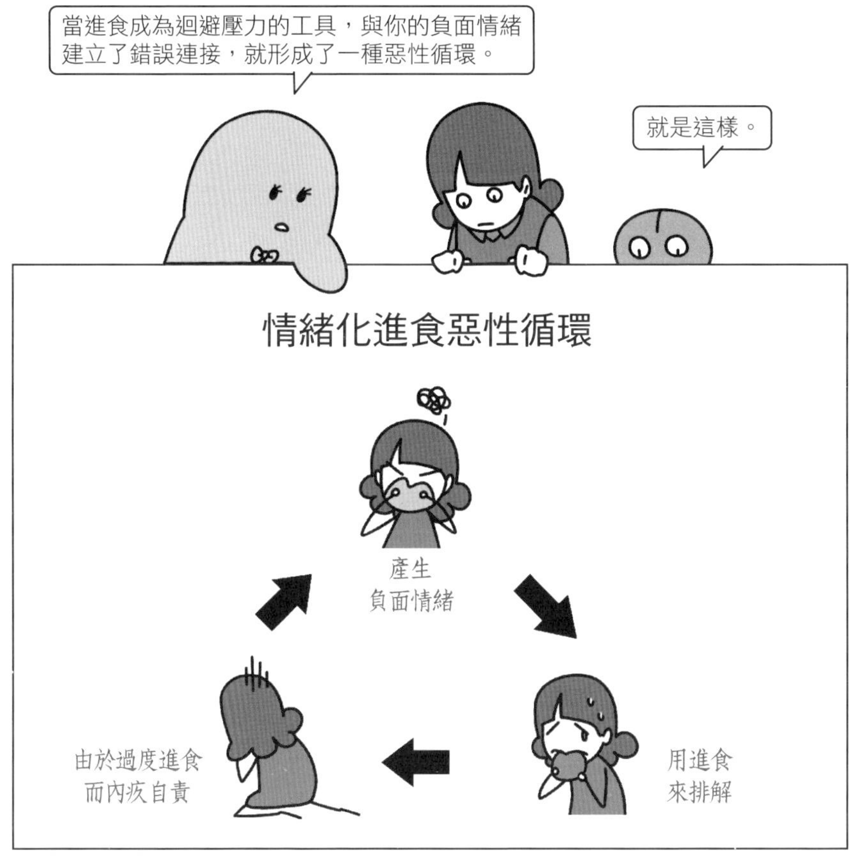
當進食成為迴避壓力的工具，與你的負面情緒建立了錯誤連接，就形成了一種惡性循環。
就是這樣。
情緒化進食惡性循環
產生負面情緒
用進食來排解
由於過度進食而內疚自責

可是我沒辦法很快改善情緒呀。雖然我也知道吃太多很不健康，但就是控制不了。
所以我都會囤好多零食，不知不覺忍耐力下降，又陷入了另一個惡性循環。
而且想吃的時候吃不到還會覺得委屈生氣，情緒更不好了。
很難延時滿足。

我前段時間還看過一篇文章，說過量攝取糖分會有成癮的風險，我那麼喜歡吃甜食，說不定已經上癮了！
……可是我對自制力已經完全不信任了，該怎麼辦呢？

確實，強行壓抑食欲或者節食是行不通的，也許需要先從打破情緒與進食的錯誤連接開始。
怎麼做？

情緒化進食的改善對策

首先要區分情緒性飢餓和生理性飢餓。除了想法，感受自己的身體狀態。

記錄飲食和情緒日記，確定自己的情緒飲食觸發器。一旦了解自己情緒化進食的誘因，就可以嘗試以其他更健康的方式來滿足情緒。

上午10點，做重複性工作時感到無聊，想吃洋芋片

下午3點，因為想不出提案而煩躁，想喝奶茶

下午5點，終於開完會了，想吃巧克力獎勵自己

當覺得自己情況嚴重到無法控制，或身邊的家人、朋友都沒辦法給予支持時，務必去正規醫療機構求助。

是否存在進食障礙需要嚴格評估，如果出現相關的症狀或無法判斷時，請及時就醫

享受食物是一種美好的體驗，而非僅僅滿足身體需要和填補情緒空隙，這樣才能不辜負食物的美味。

鼓起勇氣發了火，卻沒有被尊重

不要讓別人的反應來主導你的情緒

又到了我心理諮商的時間。
前幾天我和同事大吵一架，起因是他和我說話太隨便。

一直以來我都在忍耐，

頭髮長，見識短。

算了算了。

直到有一天，
我終於忍無可忍……
吃飽撐著……
爆發
你才吃飽撐著，
你會不會說話？

結果卻受到了批評。
她突然莫名其妙發脾
氣，嚇了我一跳。
啊？！
太不像話了。
主管→

氣死我了！
氣死我了！
我要調職！
辭職！寄信
給全公司！
明明之前你一
直在忍耐。

因為我一直忍耐的態度讓他無法意
識到他冒犯了我，是我沒有傳達過
自己的邊界，他才會一直越界。
我自己思考過這個問題了
又在自我
檢討了。
都是套路。

這個人的行為聽起來像是在挑釁，不過你提到了邊界，這很好，似乎你看到了一些情緒之外的東西。
我的問題就是，我意識不到邊界。或者說當我意識到的時候就已經晚了。

因為在剛開始的時候，即使感到不太對勁，通常也會告訴自己「是不是自己太敏感」或者「不要找麻煩」，盡量去忽略不對勁的感覺，後來習慣了忍耐，直到累積到一定程度才發現「我忍不了」。
兔子急了咬人，老實人急了火車頭也拉不住。

憤怒一直累積，直到某個臨界點，就變成壓死駱駝的最後一根稻草。
太情緒化了，發完脾氣還會自責，還是有更好的解決方式的吧。
被憤怒沖昏了頭腦。

我打算試試新的做法——不要等到忍無可忍的時候才爆發，來場魚死網破的決鬥，而是在有火星的時候就把它撲滅，清晰地傳達我的邊界。

於是我找上次的同事，想要把事情說清楚。

然而……

安慰

可是你也沒辦法為他的反應負責，這是他的問題，不是你的，你已經做了你能做的努力。這個世界上就是有人無法理智地溝通，也無法意識到自己的行為是否得體，但如果依據他們的反應來判斷自己，那無論如何都會感到挫敗。
所以我不應該為他這次的態度而感到生氣嗎？

你當然可以生氣，但並不意味你「輸了」。這仍是一次很好的嘗試，你有什麼新的想法嗎？
雖然溝通失敗了，不過他應該也會有所顧忌，至少知道我是有底線的，而我也知道他是怎樣的人了，當然之後也可能變成暗自較勁，不過我已經做好準備了。
我不怕他！

所以我認為這次的事情對你很有意義。你第一次平靜、有力地表達了自己的邊界，這是覺察自己情緒的有效練習。以後遇到類似情況，你就可以做得更好。
至於對方究竟是「無法理喻」還是「無意冒犯」，這不可控，也與你無關。

雖然這不是一次有效而體面的憤怒表達，卻是我「看到自己」、「表達自己」的一次大膽的嘗試。

方式方法可以培養和練習，但說出自己的感受，保護自己，在照顧自己這件事上，我又邁出了一步。

一定要說收穫的話，我覺得有時憤怒比壓抑更有力量。
我也是有態度的！

一吵架，就委屈得想哭

面對衝突，你可以拒絕成爲受害者

人生總會碰上各種難題。
而在所有的難題中，我最不想面對的，就是與人發生衝突。

有時明明是自己有理，卻因為情緒激動而無法順暢地表達。

話說出來之前眼淚先「嘩」的一下涌了出來，氣勢一下子沒了。

要不就是衝突之後覺得自己沒有發揮好而無比後悔。

別人罵我兩句我會一直記得，還會大半夜反覆琢磨來傷害自己。

於是很多時候，我會為了避免紛爭而犧牲自己的利益。

一邊說著要愛自己，一邊卻總是無法為自己爭取利益。

又到了我諮商的時間。我把這個問題告訴了諮商師。

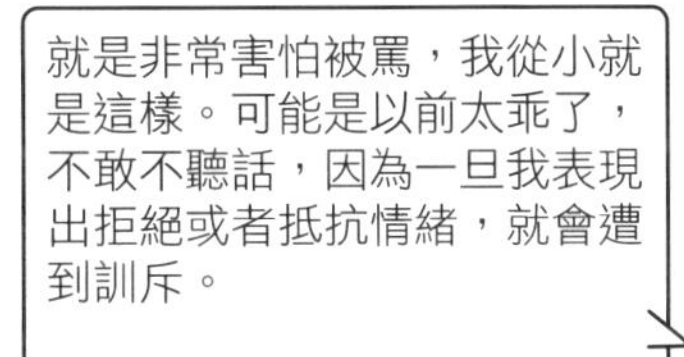

……時間長了就養成了習慣。面對衝突的第一反應就是忍耐，當可能發生衝突時當年的恐懼就被喚起了，習慣性地想用妥協來換取和平。

其實在兒童的成長過程中，表現出
「拒絕」或「不聽話」有時是兒童
對於自我的一種探索，是在尋找自
我的邊界，也是形成自信的關鍵。

但是很多家長不了解孩子的成長特
性，也無法包容孩子的情緒，甚至
讓孩子來承擔自己的情緒。當孩子
長大後，就更容易養成怯懦和沒自
信的性格。但這並不是你的錯，也
不必為此感到愧疚。

你說的不算！

道理我明白了，但是我仍然希望自己在衝突中能更堅強一點……
不想陷在童年的無助中……

你覺得自己不夠堅強，是因為每次面對衝突時別人帶給你的傷害都是真實的，哪怕毫無道理你也會照單全收，到底要多堅強才足夠呢……

也許在變得「堅強」前，你需要先來判斷「衝突的合理性」。小時候你確實無法分辨來自長輩的訓斥是否合理，但你現在長大了，可以用理性來判斷自己是否要承受這些攻擊。
你可以選擇不做一個「受害者」。

原來如此。所以對我來說第一步不是修煉「戰鬥」技巧增強「戰鬥力」，或者變得更堅強，而是首先糾正「我必須承受攻擊」的錯誤觀念。
@%*&？!¥＃！
什麼情況？!

即使我沒有正面回應
衝突，也不代表我就
是「怯懦」。我要做
的，是先避免讓自己
產生像小時候那樣的
無力感。
唉喲。
躲開
撲空
￥#@？？

愛自己，不是在「戰鬥」中獲勝，
而是不把自己當作沙包。
我不怕你。

只有當我能夠看清自己的位置時，
才能真正選擇如何為自己而戰。
掰掰。
吼？

你的攻擊對我
沒有效果！
這是一句「咒語」。

克服焦慮，只需要做一件小事

用具體打敗焦慮

最近，我遇到了一件讓人非常焦慮的事，由於工作人事變動，我被調到了新的職位。

需要面對新的環境，

新的工作內容，
尬穿地心……
怎麼回事，在說什麼？

新的人際關係。
雖然我有問題，但都是不認識的同事，不敢說話……
我社交焦慮要發作了。

新的挑戰引起了我極大的焦慮，壓得我喘不過氣來。
……
明明調職是個新的開始和機會，可你現在連上班都難。
躲進廁所休息一下

不對，我們做了這麼多次諮商了，應該能更好地面對困難了！
之前是怎麼說的？

放鬆，放鬆，新的環境需要適應，我應該給自己一些時間……
真的嗎？

放鬆不了！
呀！

只好又去找諮商師。
一想到各種困難，就覺得胸口壓著一塊大石頭！
我要窒息了！

也許我們可以談談這些焦慮的具體情況。
主要是不能適應環境，新的工作不知道如何下手，還有新的人際關係更讓我害怕！

不能適應的環境，
指的是什麼呢？
比如，這個辦公室的人特別多，空氣也不好，環境我也不熟，幹什麼都要問別人，我都不好意思了。
我是個「社恐」，這違背我的天性。
熟悉陌生環境確實需要個過程，你有什麼辦法來讓自己平穩過渡嗎？

呃……實在不想問別人，中午時間我就在大樓裡溜達，了解一下環境。不過有一天我居然發現了一個沒什麼人的天臺，以後可以來這裡休息。
發現「祕密基地」！
還有意外的收穫。
探索地圖，是「社恐」的生存學。

環境嘈雜有辦法解決嗎？
這個沒辦法。我把以前的靠墊、擺飾和擴香石帶來了，只能算是個心理安慰，目前只能忍耐。
勉強搭了個窩。

對了，也許可以把我養的小烏龜帶去，多些老朋友的陪伴，說不定能讓我更快適應新環境。
真是不錯的想法呀。

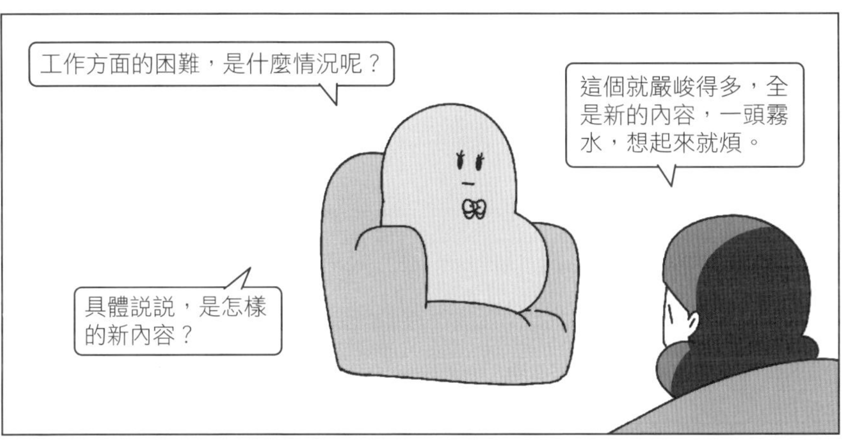
工作方面的困難，是什麼情況呢？
這個就嚴峻得多，全是新的內容，一頭霧水，想起來就煩。
具體說說，是怎樣的新內容？

新事務沒人告訴我情況和工作職責，都是人家要我做什麼，我就做什麼，但我覺得這樣不對，很被動，沒個章法。
不知道自己該幹嘛，也不知道標準是什麼，心裡就很慌。
確定感對我來說很重要。

你發現了問題，
有什麼打算嗎？
呃……大概需要找組長
確認一下分工職責？
自己不爭取的話，
萬一被交代了離譜
的工作就麻煩了。

聽起來其實你是有
一些辦法應對的。
是否管用就
不知道了。
能夠預見還會遇
到困難，不過到
時再說吧。

最後是人際關係，我知道自己很多問題的根
源還是人際問題，我太怕生了。不過我想起
自己入職的時候比現在還要「社恐」，也堅
持下來了，所以現在早晚也能適應吧。
是很棒的察覺。雖
然你仍然怕生，但
也能意識到自己的
成長，是有能力去
嘗試克服困難的。
只是還要忍耐
過程而已。

說出來後，好像變得能面對一點了。這就是力量嗎？
能面對問題的前提是看到問題。

我感覺在我們剛開始談話的時候，你的焦慮更像是一種對未知的恐懼——各種憂慮混在一起，恐懼是模糊的，自己也陷在情緒中。但當你能更清晰、具體地把情況描述出來，再去反思，這件事便不再是混亂一團，這時你就能夠動用理性來思考問題了。

原來如此，所以說完之後反而發現其實並不如想像中那麼難。

之後就可以根據實際情況，理出問題的優先順序，先聚焦目前最需要解決的事，一件件去做，也能讓自己有更多的掌控感。
當務之急是工作職責的問題，明天我就去和組長談。
當務之急是把烏龜帶來。

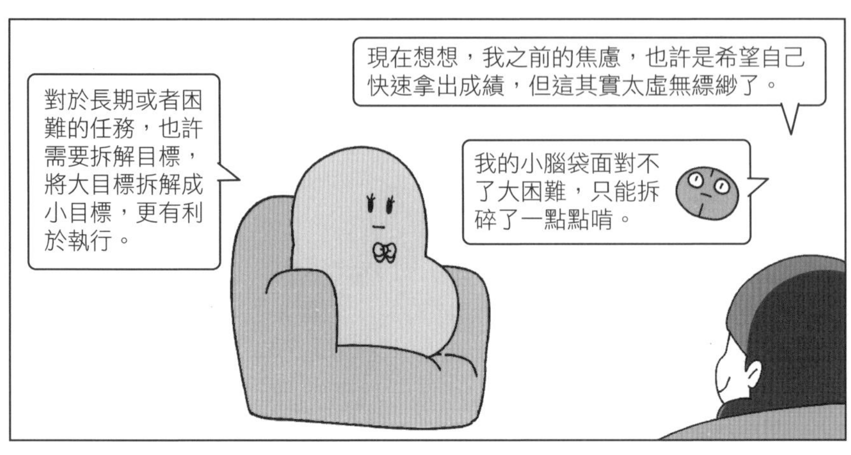
現在想想，我之前的焦慮，也許是希望自己快速拿出成績，但這其實太虛無縹緲了。
對於長期或者困難的任務，也許需要拆解目標，將大目標拆解成小目標，更有利於執行。
我的小腦袋面對不了大困難，只能拆碎了一點點啃。

在找諮商師談過之後，那種鋪天蓋地的焦慮感減輕了。
真是一次有實際意義的談話，我明天就實踐，掰掰。
加油！

這次諮商後，我有了一點心得。我發現，克服焦慮，就像「解謎」。
這是一片焦慮的土地，裡面有什麼？
挖開來看看。
焦
慮
之
地

需要一步步分析，讓頭腦在混沌的情緒和繁雜的困擾中，找到頭緒，逐一解決。那種感覺就像撥雲見日。

敏感一點也沒關係

「高敏感體質」的 7 則自我關愛指南

今天又是疲憊的一天。但說起來好像也沒經歷什麼大事。
早上坐公車，鄰座的人吃了蔥餡包子，熏得我開始暈車。

上班時同事忽視了我打的招呼，讓我懷疑對方是不是對我有意見。

我要和諮商師聊聊這件事。

所以我好羨慕那些「皮厚」、「鈍感」的人啊。

怎麼講？

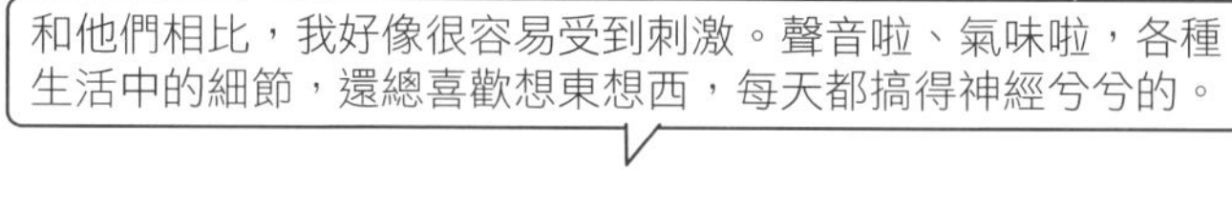

我對很多事的忍受度比別人低，大概是「玻璃心」吧。
我覺得自己就像時刻處在危險森林中的小動物，稍有風吹草動，內心就會掀起驚濤駭浪。
嚇一跳！

你好像把自己對外界的敏感歸咎於自己脆弱，不過除去環境和成長因素外，也有天生敏感度較高的人，這是一種性格特質。
敏感也會天生嗎？

是的，有些人天生更易受到外界刺激，而有些人天生比較鈍感，接收訊息和處理的方式不同，這在嬰兒身上也能觀察到區別。
易受刺激的寶寶
不易受刺激的寶寶

敏感特質的人確實會有很多煩惱，但性格特質並無優劣之分，敏感也並非一無是處。
我好像從小就這樣，不過我不喜歡這種特質，像是一種性格缺陷。
還有優點？我不信，你舉個例子看看。

比如，你曾說過和熱鬧的環境相比，安靜更能令你放鬆，即使獨自一人也並不感到寂寞，也許你很擅長獨處。
不是我性格孤僻不合群嗎？

每個人獲取樂趣和能量的方式不同，有些人從與他人互動中獲得樂趣和心理支持，有些人更擅長從自己的內心汲取能量。而且你也沒有排斥他人，我不認為你是孤僻的。
在互動中獲得樂趣
從內心獲得樂趣
我也喜歡和朋友在一起，只是學習別人強行社交讓我感到很吃力。

我自己一個人時也有很多可以做的事情，讓我感到充實、輕鬆而自由。
能夠自得其樂，也代表你擁有豐富的內心世界。
沒錯沒錯。

還有你說自己喜歡鑽牛角尖，但從我的觀察來看，你其實是個喜歡深入思考問題的人，即使有時會因為思慮太多而困擾，但也許這是你進行自我探索的一部分。
有些時候我覺得自己想得太多，但我只是想把問題想清楚。
和問題表面相比，我更喜歡思考本質，只不過有時候會想歪。
也許你感到有壓力的，其實是那些負面思考和過度反省的思維陷阱，而不是思考本身。
是這樣的，如果不陷入負面情緒，我還是很愛思考的。

創造力也是思維提煉與重組的過程，是非常棒的能力。
不過說起思考，我覺得自己也喜歡把思考轉化為創造力，寫寫畫畫，雖然我不擅長直接表達，但如果給我時間，我很願意將問題想得更深刻。
創造對我來說也是表達自我的一部分。

還有你雖然有時容易被外界刺激，但也代表你有更強的感知力，是一個感受細膩的人。有些這種類型的人在音樂、藝術或文學作品中能品味出更深刻的情感。
我確實滿容易被情緒感染的，電影、音樂之類，會沉浸其中。
有點多愁善感。

從好的方面來說，只要是良性的刺激，即使是很小的細節我也能被感動到，但同樣我也很容易低落。
好棒～
好糟！
快樂和憂傷來得都快。

今天我對自己好像有了新的認識。或許作為敏感特質的人確實面臨很多煩惱，但更強的感知力和深入思考的能力也讓我擁有了豐富的情感和內心世界，以及創造力。

而這些能力也是構建出獨特自我的來源，是我引以為傲的特質。

敏感人士關愛指南

1. 了解自己的身心狀況，減少過度物理刺激。

2. 和親友說明情況，爭取獲得理解。

3. 尋找能給自己帶來平靜的事物，比如某個安全空間，給自己留出放鬆休息的時間。如果感到疲憊，要及時充電。

4. 由於情緒體驗更深刻，積極的事物也可以讓你感受更好。準備一個令自己感到愉快、放鬆的清單。感到焦慮時，也可以做「日常習慣」，比如打掃、運動、讀書……

塗鴉和手工藝。
讓自己心靜下來，完成後還很有成就感。

閱讀、看電影和聽音樂。
沉浸在作品帶來的情緒中，有時熱血沸騰，有時安靜祥和。
好感動啊……

安靜的工作和生活。
和風險協調類工作相比，我了解自己更擅長研究和創作。
雖然別人運籌帷幄的樣子很帥，但那不是我。

我有一個小小的體會，對我來說，與其在自己不擅長的領域費盡心思痛苦忍耐，不如把精力放在自己更擅長的地方，在擅長的環境中更容易激發我的潛力和建立信心。
多去感受自己，你是最了解你自己的人。

5. 在自身方面，要避免負面思維、過度反省。由於感受和共情能力很強，如果用負面思維看待所察覺到的細微線索，很容易讓自己陷入疲憊。不要把自己看作帶來負面影響的原因。

6. 或許有時仍會習慣性地想太多，但如果能意識到自己這個思維習慣的話，可以有意識地對自己喊停。

最後，最重要的一點：接納自己，關懷自己。

雖然有點脆弱，但好在功能很好

Chapter 4　成長發展

莽撞地開始，拙劣地完成，

也好過宏圖大志卻半途而廢。

不是必須填起所有坑才能前進

我們最終想要的是走得遠而不是走得完美

覺得自己很失敗，反而什麼事情都不想做了。
唉呀！

怎麼了？
救命！

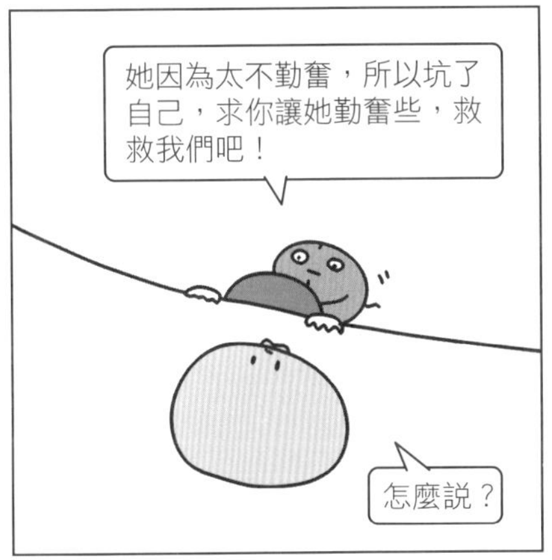
她因為太不勤奮，所以坑了自己，求你讓她勤奮些，救救我們吧！
怎麼說？

我因為缺乏意志力，又喜歡給自己挖坑，所以做事總是半途而廢。你看，這些都是我沒完成的flag（目標）。

你現在掛在這裡，是在為自己挖坑不填而糾結嗎？如果我幫你增強意志力，你就能填平這些坑？
我和腦子打架，結果掛在這裡，不知如何是好。

……老實說這很難做到
你現在掛在這裡一定很辛苦吧，滿腦子想的都是這個大坑，還有力氣去填坑嗎？
你在替她找藉口嗎？

你要做的第一件事是先上來。
然後送我填坑挖土機嗎？
拉

先在這附近晃一晃吧。

這裡滿是我挖的坑，路很難走的。
不要耽誤時間，快告訴我填坑的辦法。
那是什麼？

呃，工作總結。
做得一般般。
工作總結

那個呢？
……大學的成績。
成績一般般。
大學成績

這個呢？
……現在正在做的專案。
邊做邊挖坑。
工地
專

來，拉著我。
做什麼？

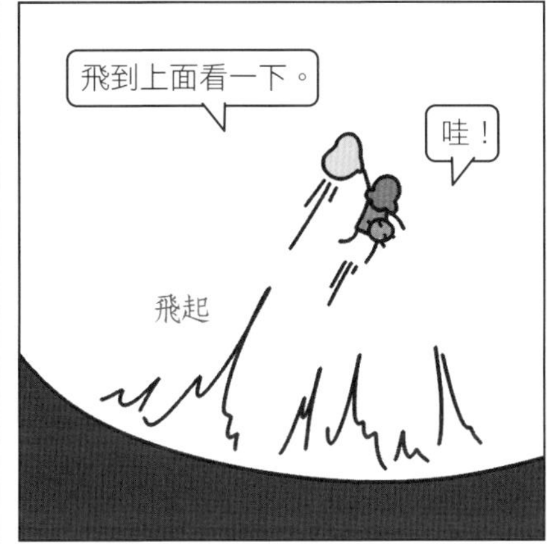

飛到上面看一下。
哇！
飛起

這裡差不多了。
哇，都是我挖的坑！
真是滿目瘡痍的世界啊。

那個坑是什麼？
小學時沒完成的作業？

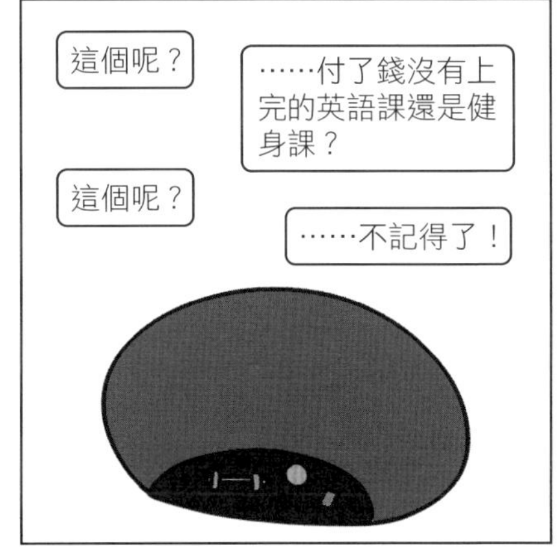

這個呢？
……付了錢沒有上完的英語課還是健身課？
這個呢？
……不記得了！

看來你現在並不怎麼記得很久以前挖的坑了。
這麼多坑我怎麼可能都記得。
落地

回想當年，這些坑也
曾是天大的麻煩。
沒錯。
雖然現在不記得那
些坑，但填不了坑
的愧疚感還在。

別再盯著坑了，看看坑與坑之間，
你走過的這些路怎麼樣，正是因為
這些路，我們才能站在這裡。

我一直覺得，只有把坑填起來，路
才會好走。但是填坑好累，我的意
志力又有限。
但這些路，好多
都是彎路，歪歪
扭扭的……

我送你個好
東西吧。
終於要給我挖
土機了嗎？

給你。
這是什麼？
平衡桿。

也許比起總想著填坑，我更需要在「挖坑」和「向前走」中找到平衡。
畢竟，我想要的並不是一條平坦無錯的路，而是能到達遠處的某個地方吧。
既然我那麼喜歡挖坑，那不如嘗試一邊挖，一邊往前走？

也許這樣能令我更注意到腳下這些可以立足的地方，而不是那些讓人懊悔的坑。

而當我搖搖擺擺走過這些路之後……

那些曾經讓人困擾、覺得無法填平的絕望之坑就被甩在了身後。

走鋼索的訣竅是
不要往下看。

逃避可恥但有用

「戰略性逃跑」其實是爲了更好地前進

以前我總是對自己社交恐懼的毛病很糾結，最近我發現自己有點進步了。

看起來很友善的人→

你好……

雖然腿在發抖。

主動社交→

但鄰居很快對我剛剛取得一點進步的社交能力發出了「致命一擊」。
我懷孕了，你把Wi-Fi關掉！
啊？

因為對方過於不講理，我反而驚慌失措起來。
我不要你覺得，我要我覺得。
怎麼變成了這樣，我該怎麼辦，吵架嗎？

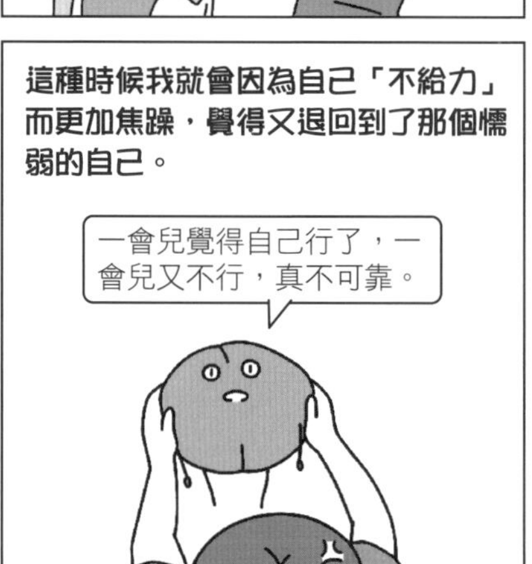
這種時候我就會因為自己「不給力」而更加焦躁，覺得又退回到了那個懦弱的自己。
一會兒覺得自己行了，一會兒又不行，真不可靠。

我把這種情況告訴了諮商師。
倒不是想要「硬來」，但我希望能擁有更多面對問題的勇氣。
十次裡有八次也行。

你曾經做到過「迎難而上」，在「逃避」和「迎難而上」時，分別是什麼感受？
這個嘛⋯⋯

選擇「迎難而上」時倒不是覺得有信心，反而是一種「做不好也無所謂」的心態，這時就能孤注一擲去試試。
輸了也無所謂！衝呀！

而退縮的時候多半因為這件事「做不好不行」，我無法承受困難帶來的壓力和失敗的後果，就會消極地縮回殼裡。
厲害的對手
LV.10
這個不行！贏不了會死！

所以關鍵是對後果有沒有容錯空間。
對

還有很重要的一點：和面對失敗相比，我更害怕面對衝突。
不講理的人
LV.10
咦？
該怎麼辦？
所以遇到胡攪蠻纏的人完全沒輒。

不過也不得不說，選擇退縮之後有種鬆口氣的感覺，心裡的一塊大石頭放下了。
雖然會伴隨著愧疚。

所以就算是逃避也並不是一無是處。
很懦弱啊！

那如果不退縮，要求自己挑戰那些困難的事會怎樣？
那相當於讓「小菜雞」去強行挑戰「高階怪物」，會被打得渣都不剩，更有挫敗感。
必死無疑，不跑才怪

看來確實有不得不退縮的時候……所以退縮也有意義，它幫你迴避了危險。雖然你仍然習慣於看低自己，但你試過「出擊」，僅僅這一點，我覺得就是很大的進步。
新手村
我要去見識更廣闊的世界！
我感覺到你現在要從「新手村」畢業了。
我喜歡你這個「新手村」的說法。

進步，不一定是「勇往直前、絕不回頭」，它也可以是「小心翼翼、步履蹣跚」，甚至是「走三步、退兩步」。
勇往直前！
迴避一下
↑這種可以✓
↑這種也可以✓
方向對了就行。

當「可以失敗」成為前提，就擁有了「迎難而上」的勇氣；當「可以逃跑」成為退路，就擁有了「不逃跑」的膽量，這種有點消極的想法對我來說像定心丸一樣。

我不確定下一次我面對挑戰時會如何選擇，但為了有一天我能夠做出「不逃跑」的選擇，我打算永遠把「撤退」放在選項中。

這樣就安心了

允許失敗才能
開始進步。

抱歉，我不想努力了

按照自己的節奏認真生活吧

最近我的心情很低落，回想起畢業時曾立志大展拳腳的自己，好像一點進步都沒有。

每天下班到家就只想「躺平」。提到學什麼新東西，總是「不忙了再說」。為此我陷入了焦慮和內疚。

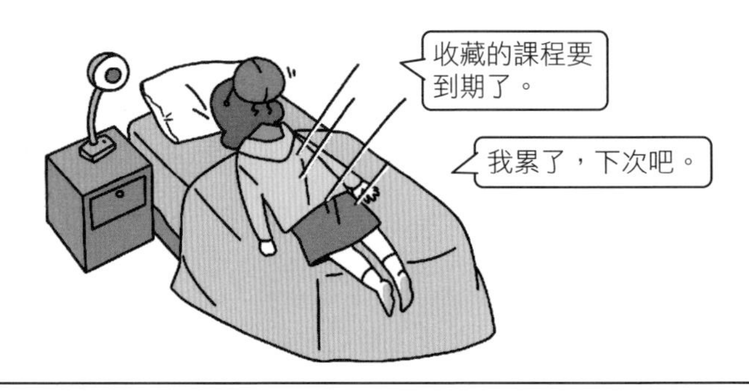

你總是這樣，越是逃避越是焦慮。
我現在就很焦慮，你別說了。

和諮商師討論一下這種狀況。
我覺得自己好「廢」，一點都不上進，可就是提不起幹勁來。
玩也玩不好，學也學不好。

為什麼這麼焦慮呢？

你知道那句話吧？「比你聰明的人比你還努力」，可我既不聰明又不努力，再這麼下去遲早會被淘汰。
失業，流落街頭，悔恨而死。

你覺得不努力的後果很嚴重。
我覺得只要原地踏步就是在浪費生命，我應該把時間多多用在「讓自己變得更好」的事情上。
而不是整天想著「吃飯」、「摸魚」。

「變得更好」指的是什麼呢？
呃……更聰明、更有錢、更漂亮、更幸福？

具體一些呢？多聰明才算聰明，多有錢、多漂亮、多幸福才夠？

比如，成為某個領域的大咖，成為有錢人，像明星一樣漂亮，每天都很放鬆，不像現在這樣焦慮……
反正不是現在這樣子。

你自己相信嗎？
……

聽起來任重道遠，確實需要不懈努力才行。
這麼一細想，感覺更焦慮了。
現在連打開收藏都做不到。

那如果達到了這些目標之後會怎樣呢？
可以踏實地「吃飯」、「摸魚」了。
又繞回來了。

如果人生的最大目標是「變成更好的自己」，那我想大部分人還沒有做到。
可是如果只有「更好」，那麼「夠好」在哪裡呢？

……也許還會生出新的目標吧，但這麼想的話就沒有盡頭了。永無止境的努力，想想就覺得很累。

夠好？我沒想過。
「華生，你發現了盲點。」

這樣好像會變成永遠陷在自己「不夠好」的狀況裡。
永遠覺得自己匱乏。

也許我也受到了環境的影響吧。身邊好像人人都焦慮，網路上也總宣傳「如果沒有××就會怎樣」「和××就差一步」之類的。
大家好像都被灌輸了這樣一個概念：這是一個殘酷的世界，你不能不聰明、沒有錢、不漂亮、不幸福，否則就得吃虧。
而你總是差點火候。

好像有個聲音在說「你做得不夠」。

是呀，所以我究竟是想讓自己變得「更好」，還是僅僅透過「努力的樣子」來填補自己的匱乏感呢？
這些焦慮和慌張究竟來自哪裡？

也許你需要思考一下，真實的、足夠好的自己想要什麼。
我要回去想一下。

也許我並不是不想努力，而是害怕那種匱乏感。而此時此刻的我，不是平庸的，也不是條無可救藥的「鹹魚」。
手快有，手慢無
學會這種思維，你就超越了99%的人
精華！月入50萬不是夢
沒有醜女人，只有懶女人
缺少這種意識，注定人生碌碌無為
0基礎入門，三天10萬+
職場人必看

雖然我離目標還很遠，但只要認真生活、自我照顧，
我就有權理直氣壯地度過每一天。
按照自己的節奏努力吧。

休息，休息一下。

成為「不講道理」的人後，我快樂多了

自洽的前提是，接受「複雜且變化中的自己」

最近新聞中一個年輕人因為始終無法找到心儀的工作而輕生，幸好搶救及時脫離了危險。大家討論時覺得他太脆弱，明明有很多辦法可以解決。

但有時我會想，那個年輕人，真的不懂這些「讓自己變好的辦法」嗎？
我也有很多「想不開」，任別人怎麼開導都無濟於事。

比如，當我因為某事陷入情緒無法自拔時，
別為這種事生氣，不值得。
我知道，可我就是生氣！

或者感到憂鬱時，
……
別唉聲嘆氣的，去運動一下。

但別說運動，有時就連下床都困難。我就像那句臺詞說的一樣：「道理我都懂，可依然過不好這一生。」
腦子，你就不能振作些嗎……
我打不起精神。

我和諮商師討論了這個問題。
有時候並不是不知道該怎麼做，但就是無法行動。

那是怎樣的感覺？
感到很無力，好像我的「想法」和「行為」間有什麼阻隔著。

有時我想「躺平」算了，不然呢？
像是「被卡在中間」的感覺。
但是又無法坦然接受自己是個「失敗者」。

問題在於，我既做不到，又「躺不平」！

但是將自己劃分為「沒做到有問題」、「做到了才沒問題」（包括對自己「躺平」的要求），把人生描述為兩種極端形態，似乎又有點簡單。

你是指缺少了中間的餘地嗎？
但我覺得那種「差不多」的狀態不行。

比如，在無法行動時，你是否常常使用「責備」來忽略自己的感受？

如此不爭氣的自己，肯定是要罵的。
那我的委屈、厭煩、憤怒、不甘心和無力感，你有注意到嗎？

……你有這麼多想法啊？
那當然了。

不過我好像有點明白了，對我來說，感受才是更真實的東西。
雖然人們總覺得道理大於感受，但有時在主觀世界，感受決定行為。僅僅知道道理，很難像開鎖一樣解決問題。
我心情不好就不願意做，這倒是真的。

我們有時會希望，人生存在某種像鑰匙一樣的「正確答案」，只要插進去，問題就會像開鎖一樣迎刃而解。但可惜那通常不是真的。
我們唯一的正確答案，是面對「本來就很複雜和變化中的自己」。

所以不如我們聊聊，上次無法行動時，你的感受是什麼。
呃……這好像有點複雜。我要整理一下才能回答。
你應該好好關心我。

沒關係，也許先試著寫封信給「當時的」自己？
可以試試。

回家後，我寫了一封信給自己。

給「道理都懂，但依然過不好這一生」的毛毛和腦子：

你好。

我知道你總因為自己做得不好而感到痛苦，你一直想要做好，包括接納自己這件事。

但人生的困境很難因為幾句道理就迎刃而解，我們缺的並不是讓自己明白更多道理（你已經是「理論大師」了，哈哈），而是好好體察自己的情緒。

就像諮商師總對你說的，不要迴避和判斷感受，跟隨它，把它當作了解自己的線索，不要害怕真相。

祝你「無論懂不懂得道理，都能過好這一生」的

毛毛和腦子

也許當別人陷入困境時，我們也可以多關心他的情緒。

別講大道理。

停止我和腦子的內在「戰爭」

長期「精神內耗」，該如何放過自己

我的腦子是個很討厭的傢伙。因為它在我說話的時候經常打斷我。

接下來我要介紹一下……

要卡住了要卡住了要卡住了！

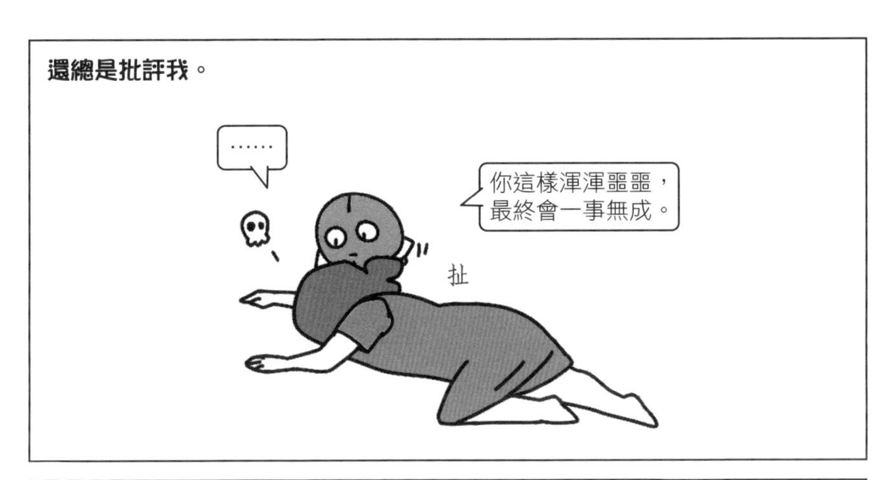
還總是批評我。
……
你這樣渾渾噩噩，
最終會一事無成。
扯

你為什麼總是跟我作對，讓我難受？
我說得難道不對嗎？
用力捏

心理學認為，我是你內化的父母，過往的養育模式造就了我現在的樣子，當他們不在身邊時，就由我來管教你。
我不想知道這些！

我只好找來諮商師，請她來評理。
今天的氛圍好像有些不同呀。
哼。
我們在吵架。

我常常跟腦子陷入拉鋸戰，做事前要思想鬥爭半天，和這傢伙互搏。
我想得多些是為了你好。

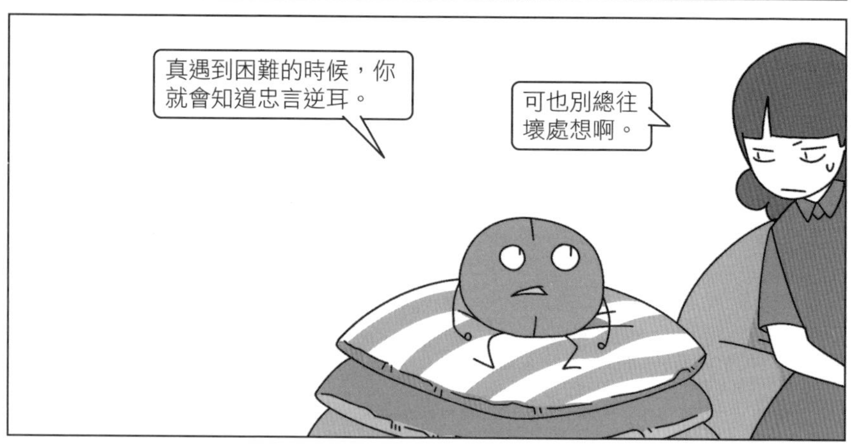
真遇到困難的時候，你就會知道忠言逆耳。
可也別總往壞處想啊。

這種相處模式有點
似曾相識。
我們只熟悉這
種模式。

我知道這是腦子為了保護
我而未雨綢繆，但也耗盡
了我的心力。

如果不聽腦子的話，
會怎樣？
那她就會毫
無準備。

遇到問題，你再想辦
法解決呢？
……到時候
就太遲了。

所以，你不相
信自己遇到問
題能解決，哪
怕是想像出來
的問題。
不是被真實問題打敗就是被預想
問題打敗，真是雙重挫敗。

還不是因為
你太弱了！
都是你的錯！
打起來

唉，究竟要怎麼辦
才好呢……
我只是覺得，
你可能無法承
受失敗。

或許由我來替你預設些
障礙，這樣我們就能順
理成章地逃避了。

我知道你害
怕失敗。
你是這樣想的？

像是「輸給了自
己」的感覺。
但是有些事我真的很想做。
即使會失敗，我也不希望先
被自己打敗。

聽起來你好像陷入了「腦子覺得不行」和「自己想去嘗試」的矛盾。
關於「害怕失敗」我們可以再深入討論。但對於想改變「精神內耗」的思維方式，可能需要你和腦子更多的合作。
怎麼合作？

首先，我認為深思熟慮是一種優勢，能夠讓你看到潛在風險。但除了風險之外，也應該看到自己想要做某事的初心。
我的真實渴望……

而腦子除了評估風險，更主要的是和你一起把精力放在面對真實問題上。即使遇到問題無法解決的時候，也要盡力避免負面自我評價帶來新的內耗。
世界已經如此艱難……
……就不要再難為自己了。

諮商結束了。
下次見。
是這樣嗎？

「我都是為了你好」、「我早就說過」，我們不是最討厭別人這麼說嗎？

但即使有些事真的會失敗，我也希望能夠聽到自己的聲音。
……
如果我們一起努力的話，或許能夠改變些什麼……

也許腦子裡住著一個吹毛求疵的人，但我也可以嘗試把它換成一個溫柔的朋友。
我知道了，我們一起面對。
掃描 QR code入場

無論如何，我和腦子是一個團隊。
生活是場考試，即使成績掛了，我也不想掛在去考場的路上。
知道啦。

第一屆腦子與我停戰協議簽訂會

我焦慮，所以我拖延；我拖延，所以更焦慮

莽撞地開始也可以

月底
實際安排
啊啊啊啊啊！！！！

說什麼自己的節奏，你根本不會努力吧！
你自己想偷懶，我真的覺得很累！

和諮商師談談。
拖延症，不死的絕症！患者最終會一事無成，在無盡的悔恨中荒廢一生！
……
救救我，我還不想荒廢一生！

對你來說，實際
行動和預期好像
有很大差別。
是的，雖然列了計
劃，但毫無意義。
有截止日期姑且
能被逼著草草做
完，沒有的話經
常半途而廢。

草草完成也是
一種完成。
那是應付，我明明有機會做
得更好，卻因為懶惰……
一定是得了「懶癌」。

你覺得懶惰是拖延
的主要原因嗎？
是吧，經常找事
分心、看手機、
吃零食……
也不能這麼說，畢竟你
可是寧願打掃房間，也
不願意做正事。

至少打掃不用動腦子……一做正事就頭痛的不是你嗎？
好吧，算我的。

所以完成正事對你來說其實很痛苦，那些拖延是幫助自己逃避痛苦。
可以這樣說吧，但是理智告訴我這樣不行。
這樣不行。

只是遇到困難時，那個理智的聲音微乎其微，而情感在大喊——
「臣妾做不到啊！」

聽起來像是理智與情感的較量，理智總是輸，它的要求還令你痛苦。
對，但其實偷懶並不能真的讓我開心。
一邊「摸魚」，一邊焦慮。
真羨慕那些自制力強的人啊，他們是怎麼堅持下來的呢？

也許對他們而言做事並不是那麼痛苦，或者有足夠的動力克服困難。對你來說，就像最後期限，至少逼著你完成。
確實，最後期限也算是種動力吧。

也許這就是區別。最後期限的目標似乎更具包容性，即使你草草結尾也能應付，而那些半途而廢的事，反而要求你交出更好的成績。
什麼意思？

理智給你一個理想的計劃，
但它似乎不太考慮你實際的
感受，除非它碰上最後期限
時才會妥協，讓你變得更實
際，最終得以完成。

而沒有最後期限，它就永遠不會妥
協，畢竟它是「正確的」，於是理
智和情感發生了衝突，互不退讓，
你處理不了，最終逃避了。
有道理。所以我既焦
慮，又沒動力。
如何讓它們不
打架？

你總是在反思自己的行為，但除了關注自己的狀態，或許也應該考慮理智給出的目標是否真的足夠「理性」。
這個說法有意思，足夠理性應該是能結合實際情況的判斷。

所以關鍵不是你無法做什麼事情，而是「必須××，才能××」這個想法。或許戰勝拖延並不是要按照某種規則行事才算合格，你需要考慮的是如何開始而非（完美地）完成。
一個開始接著一個開始，累加起來，就能夠完成。
莽撞地開始，拙劣地完成，也好過宏圖大志卻半途而廢。

「emo」也擁有獨特的價值

防禦性悲觀：帶好救生衣上船

越想越「emo」。
唉……我不想去了。

我將事情告訴了諮商師。
這傢伙太「emo」了，好好的事，總被它潑冷水。
我只是替你想了最壞的情況而已。

你怎麼總是那麼悲觀，樂觀點不行嗎？
不切實際的期待只會帶來麻煩！

就是這樣，我期待
又不敢期待。
所以到底該
不該期待？

我覺得對一件
事抱有期待是
人之常情。
對吧，對吧！

但考慮周全，謹慎
行事也值得肯定。
你瞧，你瞧。

我想先問個問題，腦子
為什麼總往壞處想呢？
難道你覺得做事之前總
是往壞處想沒問題嗎？
我懷疑你在
攪局。

你聽說過那句話吧，「爬得越高，摔得越疼」，當結果不如預期時，失望也是加倍的。
你怕希望落空，所以禁止我懷有期待？

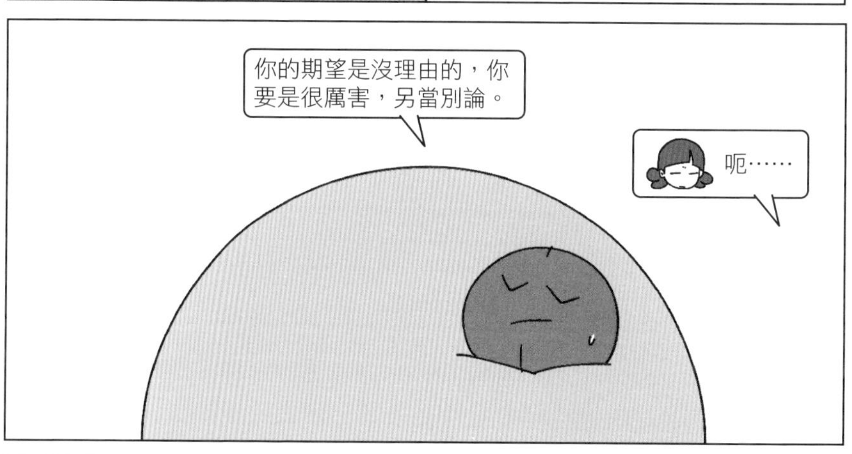
你的期望是沒理由的，你要是很厲害，另當別論。
呃⋯⋯

差不多吧。
預想的各種困難啦，我的不足啦，反正是覺得我不會成功。
那腦子所想的「壞事」有哪些呢？
為什麼會想這些呢？

因為這個傢伙遇到突發
狀況容易「抓狂」。
……無法反駁。
所以我給你預演一下，這
樣它真的發生時，也不過
是預料之中。

在預料之中
會怎樣呢？
更有控制感，即使不那麼樂
觀，但至少有種「被安排得
明明白白」的踏實感。

所以聽起來腦子的
「往壞處想」是有
功能的。
這是我抵禦焦慮
的一種方法。

所以那些消極的預測，如果你願意，或許你可以做點什麼來預防。
如果悲觀的預測能為你減輕焦慮，並採取防範措施，也是一種成功的應對策略。

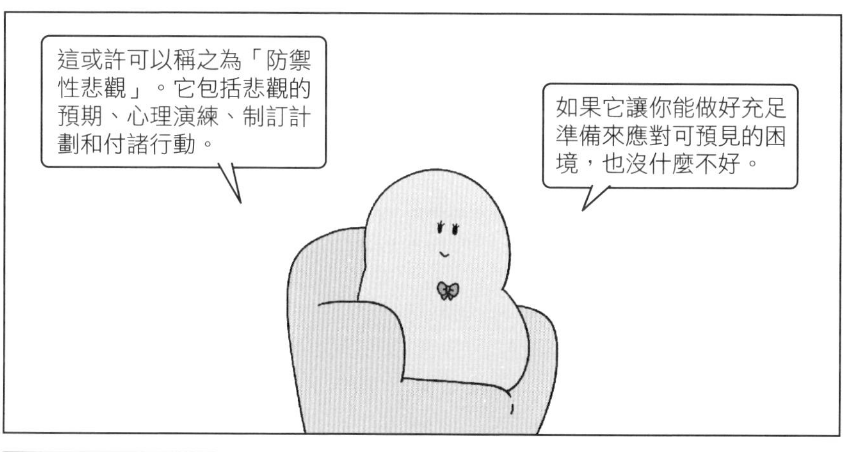
這或許可以稱之為「防禦性悲觀」。它包括悲觀的預期、心理演練、制訂計劃和付諸行動。
如果它讓你能做好充足準備來應對可預見的困境，也沒什麼不好。

我明白了，可是一天到晚總是「emo」，又有點討厭……

是的，這就是需要注意的地方。過度給自己設下失敗的暗示，無論大小，事事陷在悲觀念頭裡，也很耗費心力，讓人喪失信心，反而限制了行動。

之後，我和腦子達成了共識，它幫我冷靜思考，我負責付諸行動。
就是這個意思，深思熟慮沒問題，但總是潑冷水否定我可不行。

降低期望，只是我管理焦慮、增加掌控感的一種策略。
原來錯怪你了。
你總算懂了。

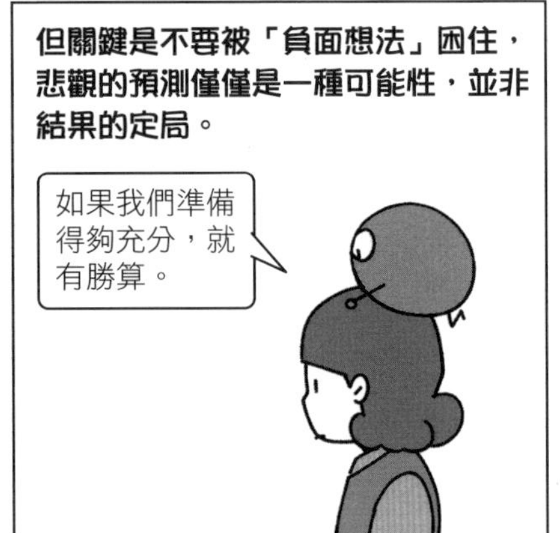
但關鍵是不要被「負面想法」困住，悲觀的預測僅僅是一種可能性，並非結果的定局。
如果我們準備得夠充分，就有勝算。

所謂「盡人事，安天命」大概就是這個意思吧。
有時也需要孤注一擲。

最終參加了競爭

所謂「壞事」，或許只是多了一層負面濾鏡

自證預言：打破預先設置的「自我困境」

但我敢怒不敢言，只好默默承受。
這些案子不是我在跟，幹嘛叫我整理啊？
難道是……

報復！
真的嗎？！

這麼一想，就越看越像。
這個報告不能這樣寫，重新調整一下吧。
我以前都這樣寫啊。
是報復！

早安……
是報復！
快步走過

你這桌子太亂了，
收一下吧。
是報復！

諮商室。
我被主管針對了！
我明明這麼
人畜無害！
什麼情況？

我將來龍去脈和自己的觀察告訴了諮商師。
一定是我之前
得罪了他。
我從蛛絲馬跡裡
分析得來的。

那這個人對其他人
的態度是怎樣的？
我上次還看他和別
人有說有笑的。
就對我這
麼嚴厲！

也許談起其他話題，你
也可以和他有說有笑？
不可能！

為什麼不可能？
我不敢啊，我也不
知道要說什麼。
我覺得他不
會理我。

那和他反映一下工作
過量的問題可以嗎？
沒用的，如果他有意為
難，這就是他的目的。

不能反映問題，也不
能嘗試新的態度，那
是否有新的出路？
沒有啊！所以我很絕
望，無能為力。
如果我忍受不了，
就會爆發！

我好像總是遇人
不淑呢。
都是因為性格軟弱，
才總被人吃死死！

以你的觀察，或許他確實在為難你，但判斷一個人是否真的有問題，也許並非簡單的事。
你是說我錯怪了他？難道那些證據還不夠嗎？

如果為了證明某個想法，這些證據是足夠的。
什麼意思？

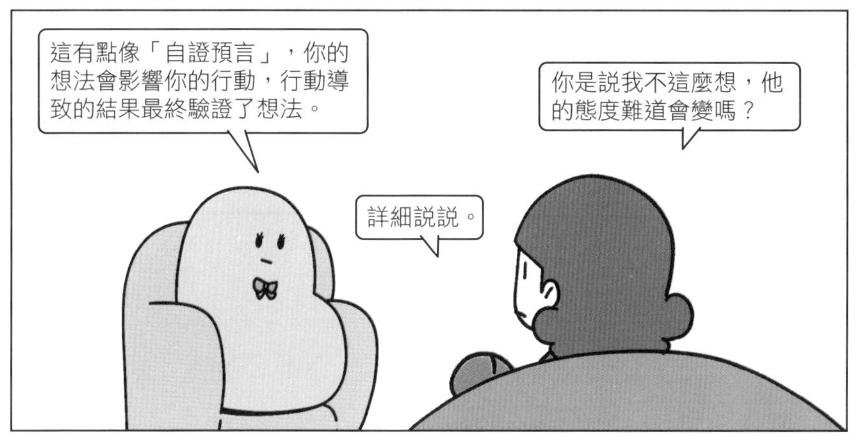
這有點像「自證預言」，你的想法會影響你的行動，行動導致的結果最終驗證了想法。
你是說我不這麼想，他的態度難道會變嗎？
詳細說說。

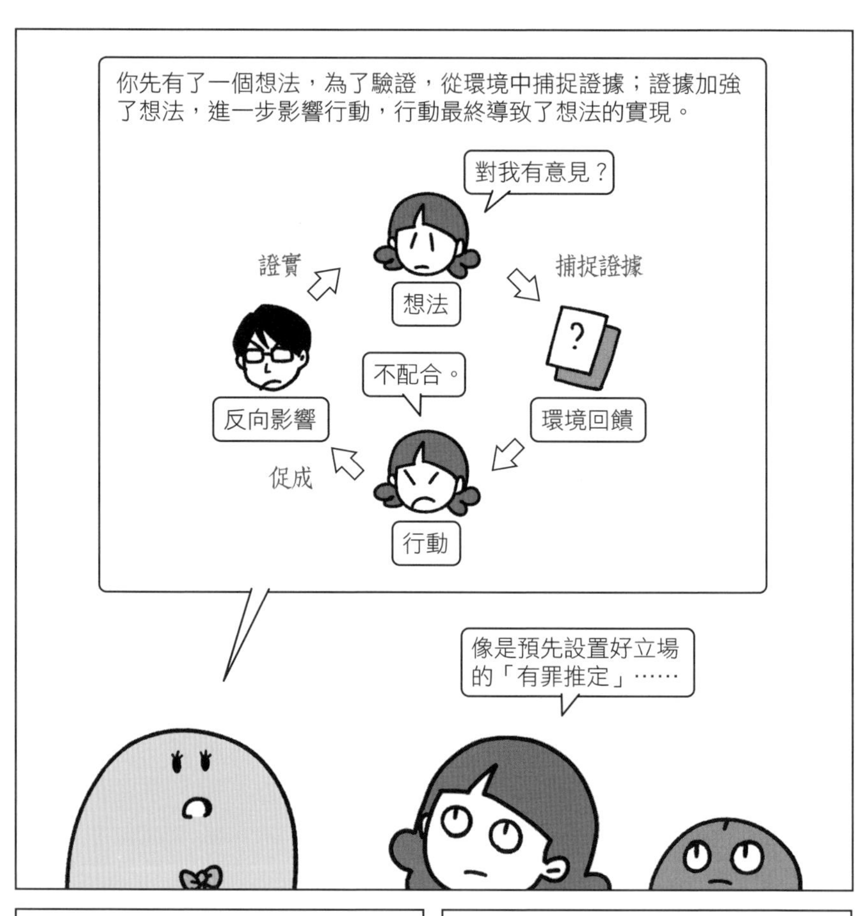
你先有了一個想法，為了驗證，從環境中捕捉證據；證據加強了想法，進一步影響行動，行動最終導致了想法的實現。
對我有意見？
想法
捕捉證據
環境回饋
不配合。
行動
促成
反向影響
證實
像是預先設置好立場的「有罪推定」……

可如何打破這個循環？

有些想法可能會對自己形成心理暗示，變得過度解讀周圍環境，嘗試對環境脱敏，也可以讓自己從新的視角重新審視。

第二天，我打算照諮商師所說，嘗試打破自己設下的「魔咒」。

浪費感情了。

Chapter 5　自我重構

世界上只有一種英雄主義，

那就是在認清生活的本質後，

依然熱愛生活。

一上班就渾身難受

感到「工作沒意義」，也許是變好的開始

這不過是平凡的日常。然而那一刻，一個想法出現在我的腦中——

一旦開始思考這個問題，我就覺得更累了。

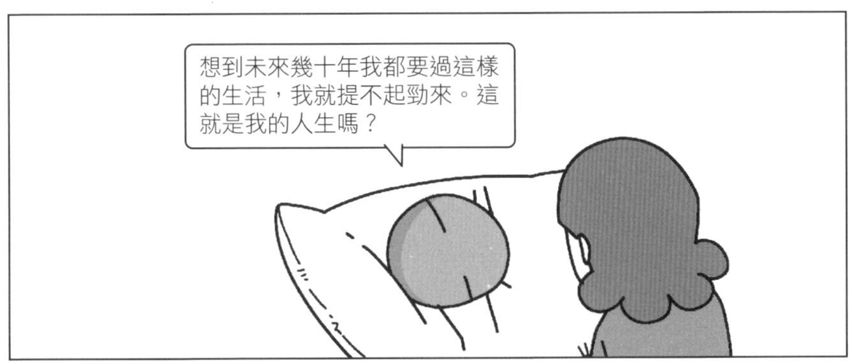

唉……

拜訪了諮商師。
今天預約的時間提前了，發生了什麼事嗎？
我遇到了人生危機。

是工作。只是想到每天我不得不一直沉浸在痛苦中，就覺得沒意義，生命被浪費了。
為什麼說沒有意義呢？

對老闆有意義，對我沒有。我只是一個完成任務的工具，為此還要賠上健康和快樂，如果我哪天做不動了，也馬上會有人替代。
聽起來你付出了很多，但個人的意志卻被忽略了。

嗯，我也知道工作是一種交換，拿錢做事，哪有那麼多稱心如意。
賺錢是一方面，但工作有時也為個人價值和自我認同提供支持，對你來說似乎它不足以支持心理的需要。

是的。但感受不到自我價值，也可能是因為對工作「沒有勝任感」。
這是什麼情況呢？

簡單來說就是掌控不了。我現在的工作很重視的一些技能，比如社交技巧，我真的不擅長，和我的性格有衝突。
當時是陰差陽錯來到這家公司

所以我感到很挫敗。對別人來說不難的事，我總不得要領……很難不懷疑是不是自己有問題。

但是我又想起你曾經說過「性格特質沒有好壞」，也許我只是不適合。我還有其他優點，只是現在的工作總是讓我看到自己的缺點，才導致我越來越沒信心。

你能接納自己的局限，也是一種進步。
稍微放過自己吧，我是個不完美的人。

所以你總是在應付不擅長的事，卻得不到和付出相應的正面回饋，這的確會讓人感到沮喪和挫敗。
再加上又有很多無法掌控的事情，難以感受到自我的價值，這些壓力累積在一起，才讓你懷疑自己的付出是否有意義。

是的，我也想過辭職，
但這畢竟是份體面而穩
定的工作，我也不確定
離開後是否會面臨更大
的困難。

是否辭職我們可以另議，但你
現在或許有些職業倦怠，你所
感受到的這些，也許是身體在
告訴你需要休息和調整。
我現在確實身心
疲憊，不過我還
有個問題……

你剛剛說我在工
作中無法找到自
我價值，這讓我
感到沮喪，確實
如此。
或許我的問題就是
試圖在工作中尋找
價值，也許我該把
它僅僅當作賺錢的
工具嗎？

這個問題沒有標準答
案，但關鍵是，你是
怎麼想的呢？
如果工作的意義僅僅是為
了賺錢，重點就變成如何
讓勞動的CP值更高，那
單位時間內賺更多的錢可
能就是最終答案。

不過工作沒了積極性，做起來也許更加枯燥，而一旦錢不到位，就更難以忍耐了。

確實如此，不過如果目前在工作方面很難握有主導權，也許可以給生活留出更大的空間，畢竟工作只是一部分，掌控不了工作，還可以掌控生活。
也是一種選擇。

諮商結束了，有些事我還沒有想明白。
我在思考更重要的事。
你今天都沒有插嘴。

我可以休假，可以更重視生活，甚至可以辭職，但我仍然不知道未來的方向。以後遇到困難，我們可能還會面臨同樣的困擾。

抱下來

我也不知道，但既然這個問題對我們如此重要，就一起來思考一下吧。

先去吃點薯條吧。

「我的理想生活」真的理想嗎？

有了覺察，才可能打破循環

毛毛毛之理想生活（非現實版）

可是想用錢來逃避困擾，歸根究柢是有些事我們處理不了。
說得沒錯啊。

比如不想在意評價，其實是因為我太在意他人評價了。
別人不喜歡怎麼辦？
才會需要一個更有力的支持（超有錢），來安慰自己不必受人影響。

害怕社交，因為內心敏感，他人的反應時刻影響著自己的情緒……
小心翼翼……
無法接受他人對自己有意見……

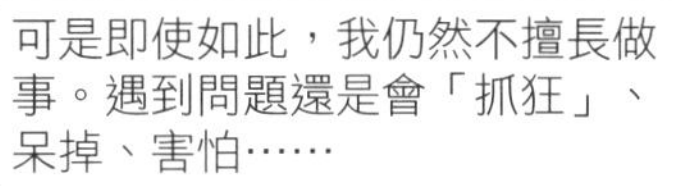

讓想法落實在行動上，還是有一些差距的……

是啊，畢竟我們的生活方式（包括思考方式和處事方式）與社會要求仍然有不相同的地方，這給我們造成了實際困擾，只要我們還受規則的約束，就不得不面對這些不適。

所以所謂的「變好」，要不就是改變自己，讓自己更適應社會，要不就是接納自己的不適應。
都很難啊！

算了！什麼適應不適應的，只要我們有了錢，就不用適應了！
只要有了錢就能隨心所欲了嗎？
難道不是嗎？！

不需要他人認同，也許會變得頑固、故步自封。

面對困難，更容易放棄。

性格也變得越來越孤僻。

我誰都不需要！
以你的性格，最終說不定會完全逃進自己的世界，活成一座孤島。

就算活成孤島……
這樣的世界，真的只靠錢，就能支撐起自我認同嗎？

自我認同？
對呀，我的人生究竟有什麼價值，讓我認同自己。除了錢之外，這個問題對我來說同樣重要。

但是這樣就又回到了最初的問題……

我想要活得更自在，但人生只能去追求目標，不斷面對一個又一個困難嗎？如果我的生活沒有目標，或者我始終無法獲得成功，那我的人生永遠不會變好了嗎？

永遠在困境中，我的人生到底有什麼意義？

虛無
失敗
無意義

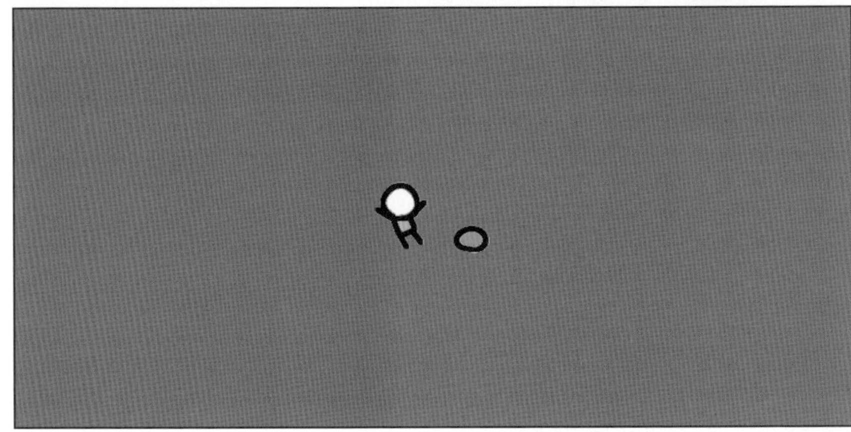

人生其實無意義

正因爲如此，它的意義可以是萬般樣子

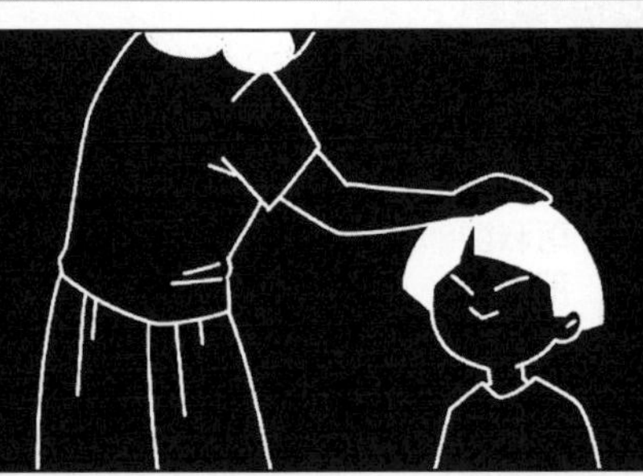

幼年的時候，成為乖巧的孩子，得到父母的喜歡是我的人生意義。

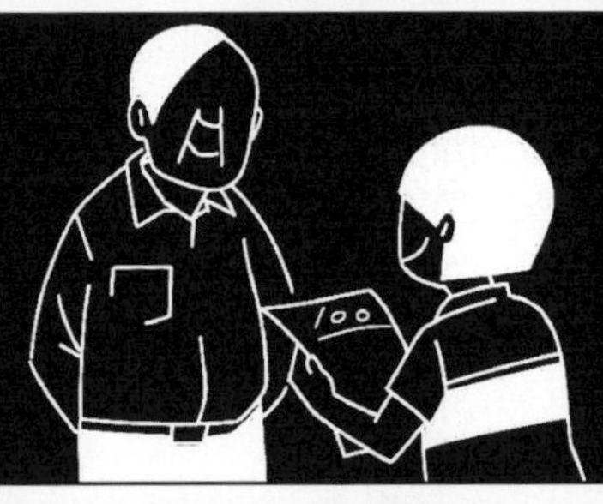

讀書的時候，獲得優秀成績，讓老師誇獎是我的人生意義。

工作後，獲得老闆認可，盡可能賺錢是我的人生意義。

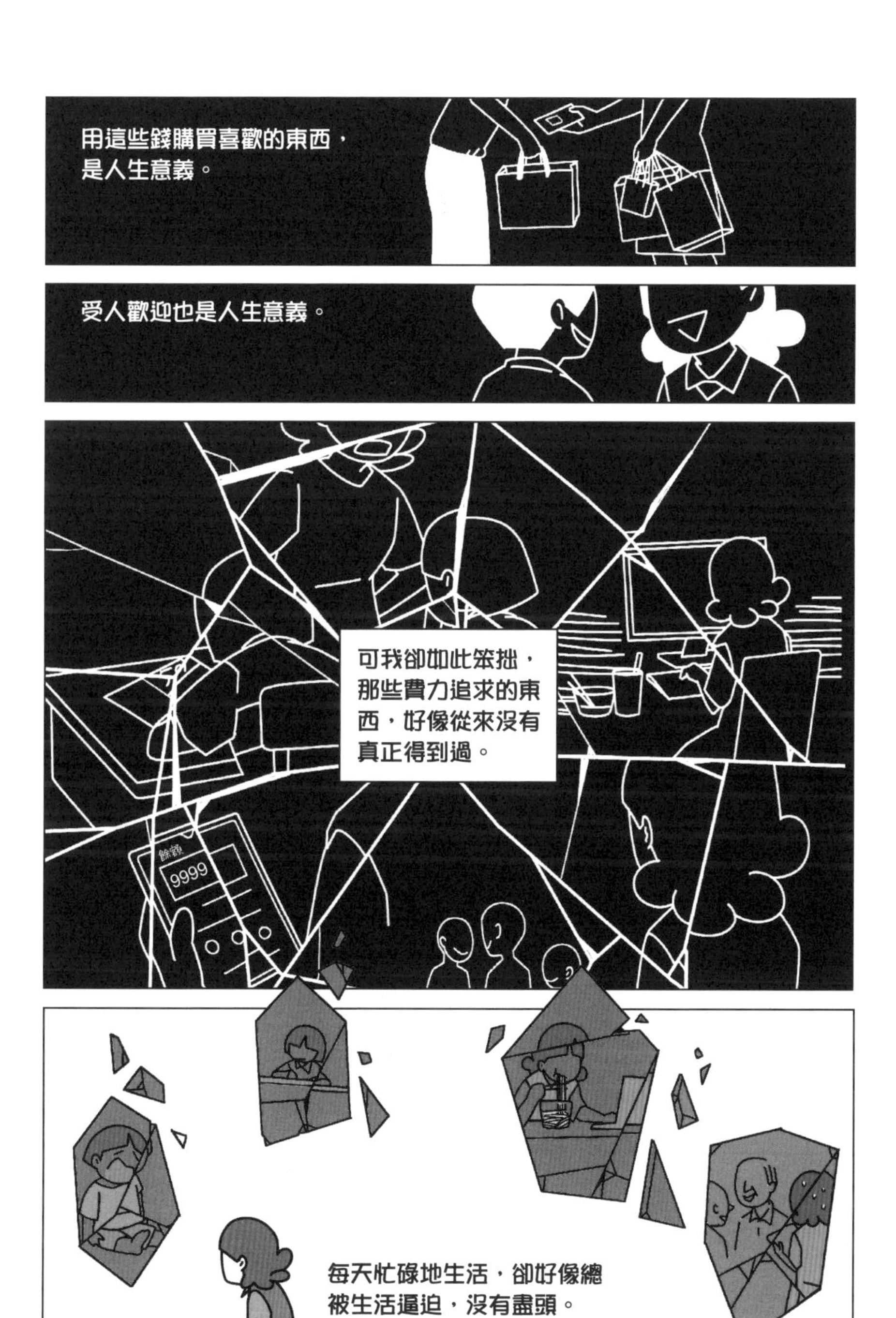
用這些錢購買喜歡的東西，
是人生意義。
受人歡迎也是人生意義。
餘額
9999
可我卻如此笨拙，
那些費力追求的東
西，好像從來沒有
真正得到過。
每天忙碌地生活，卻好像總
被生活逼迫，沒有盡頭。

既然人終有一死，那活著有什麼意義？

哇！

這是哪裡？
我剛剛睡著了？
花田。

景色這麼美，我們散散步吧。

我想起來了，我剛剛掉進了人生意義的深淵。
那是怎麼回事？

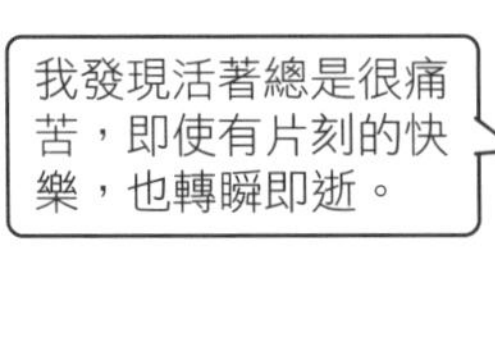
我發現活著總是很痛苦，即使有片刻的快樂，也轉瞬即逝。

如果人生只是面對無盡的困難和挑戰，直到死亡，那活著有什麼意義呢？

你看那隻鳥，牠可能只能活幾年，活著的時候一直在奔波，還充滿危險，牠活著的意義在哪裡呢？

人和鳥不一樣，人會思考，才在乎意義，鳥只要依本能生存就行了，牠的鳥生有沒有意義對牠不重要！
這就是生活和活著的不同！

不過等一下，從另一個角度來看，平凡人忙忙碌碌一生，就模式來講，好像和鳥也沒什麼區別……

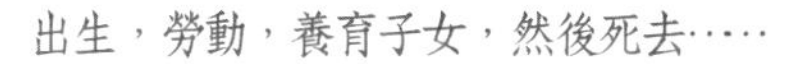

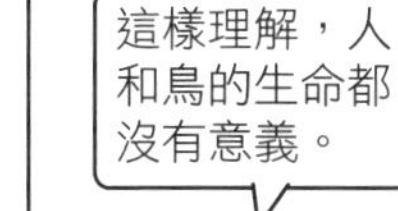

是個好問題，如果沒有意義，人生會怎樣呢？

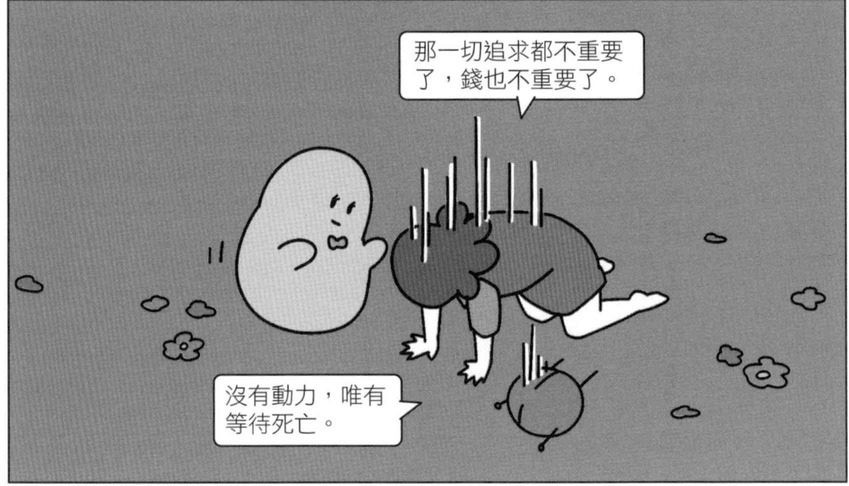
那一切追求都不重要了，錢也不重要了。
沒有動力，唯有等待死亡。

也許如此。人們追求意義，或許只是因為沒有意義會讓人感到茫然。我們需要一個明確的，可以為之努力的目標來指引生活的方向。
就像路標一樣？

要向這邊走嗎？
就像路標一樣。因為世界的運作很複雜，當人類面對複雜的世界時，需要一個框架，用來尋求規律和解釋，減輕焦慮。

所以意義只是一個讓我們安心生活的工具，意義本身並沒有意義，但追求意義是有意義的。
對鳥來說，遵循本能也是種指引，這就是牠的意義。

聽起來好像繞口令一樣。
那什麼樣的意義是有意義的呢？
我不知道呀。
居然說不知道……

很遺憾，這個世界或許不存在適用於所有人的普遍的生命意義，宇宙中沒有標準的設計和指導生活的原則。

嗯……好不容易能飛了，能飛多遠就飛多遠，四處遊蕩一下吧。
如果你不幸成為一隻能思考的鳥，你會做什麼？

四處遊蕩可能會面臨更大的風險和困難。
管不了那麼多吧，作為一隻鳥，能實現的理想有限。

那成為一隻自由
的鳥，你的鳥生
是否更有意義？
如果我成為鳥，自
由就是最重要的！

……我好像有
點明白了。

這個世界上沒有標準的人生意義，所有
的意義都是自己創造的，包含在我的生
活中，是獨屬於我自己的方向，我走在
這個方向上，我的人生就有了意義。

但如果我為自己的人生賦予了一個意義，為了追尋這個意義，只能不斷面對挑戰嗎？萬一我永遠達不到目標呢？
你怎麼又繞回來了！

一個有點殘酷的現實是，生活確實很難一帆風順，即使是對只想吃薯條的鳥來說也一樣。
嘎嘎！（別搶！）

真正的救贖，並不是廝殺後的勝利，而是能在苦難之中，找到生的力量和心的安寧。

——阿爾貝·卡繆

啊？

60 分人生或許更廣闊

一想到我的人生會有一萬種可能性，我就精神百倍

歡迎！
我來啦！

今天你看起來很不一樣呀。
我把頭髮剪了，換個清爽的造型試試。

好像又變回了小時候的樣子。

你看起來狀態不錯，
最近怎麼樣？
嘿嘿……

我不打算辭職了。
驚不驚喜，
意不意外？

……我想了很多，也思考
了這份工作對我的意義，
雖然在某些方面它不夠理
想，但不得不承認它也並
非一無是處，比如說它有
我非常重視的穩定感，而
我是個有點缺乏安全感的
人，所以這對我很重要。
只把它視作束縛
就太片面了。

你結合自己的情況，換了一個角度來看待問題，發現了它的優勢。
如果生計出了問題，更無暇顧及自我了。
是的，正因為有了這份穩定感，我才能騰出精力去思考自己的事情。

過去我感到痛苦的原因之一是，我總將認同寄託在他人的評價上，從生活到工作，我的力量總是來自他人，所以才會有「我為別人活著」的感覺。
我應該去找找有什麼事是真正為了自己，能為自己提供力量和支持的。

這也太棒了吧？
我也想畫這樣的故事！
!
然後我就想到了一件事情……不怕你笑我，小時候我非常想去畫漫畫，但長大後覺得太不可靠就只埋在心裡，但現在想想，跟隨主流的生活或許也不是我想要的。
那個10歲的我比較知道自己想要什麼，只是我一直不敢去面對。

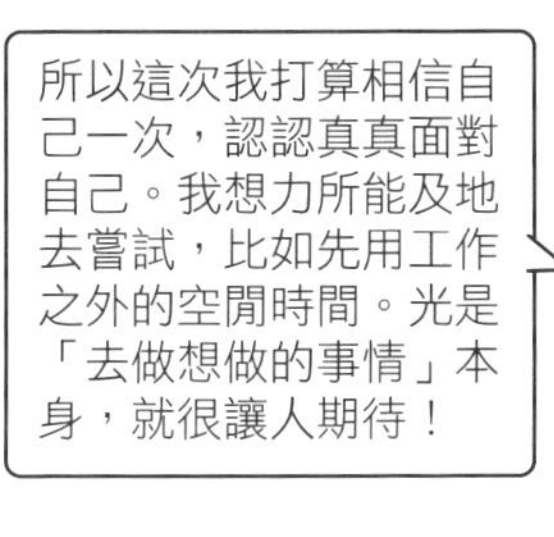
所以這次我打算相信自己一次，認認真真面對自己。我想力所能及地去嘗試，比如先用工作之外的空閒時間。光是「去做想做的事情」本身，就很讓人期待！

聽起來是不是很熱血！

或許現在我的想法還有些幼稚，真的開始之後一定會遇到很多困難，但我做不喜歡的事都能堅持那麼久，說不定我是個滿有毅力的人呢。
哈哈哈——

你在說這番話的時候，我感覺你的神態都不一樣了，就像漫畫故事的主角一樣，我相信這是你傾注了勇氣的決定。
也許這就是我的「薯條」。

因為有了夢想，我也思考了一些關於「自己」的事情。
過去我一直執著於「變好」，覺得這是唯一能夠擺脫困擾的方法，我來做諮商，就是想讓你把我「修理」好，但這麼久過去了，我發現我還是我。
並不是罵你的意思哦。

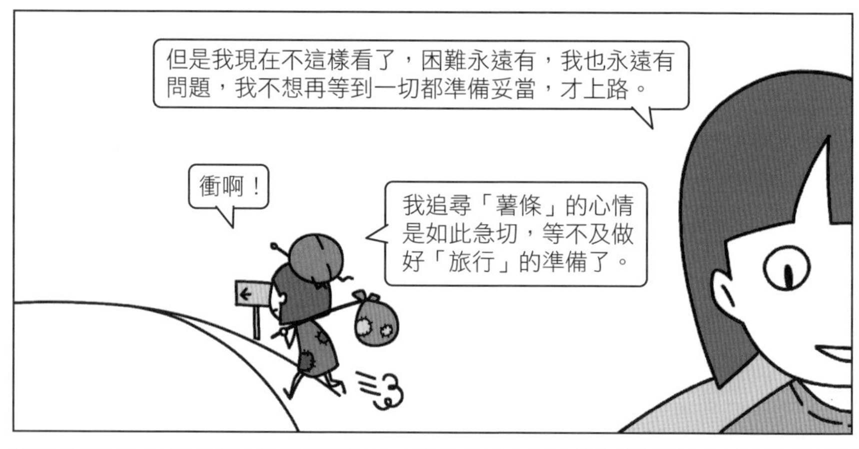
但是我現在不這樣看了，困難永遠有，我也永遠有問題，我不想再等到一切都準備妥當，才上路。
衝啊！
我追尋「薯條」的心情是如此急切，等不及做好「旅行」的準備了。

所以這次我想換一種方式，試著帶著問題走下去，也許未來我能變好，也許不能，也許不變也不礙事……也許過段時間問題不再是問題了。未來充滿未知，即使有些事我一輩子都想不通也無妨，反正生活總在繼續，不是嗎？
一隻鳥想不通但不妨礙牠吃薯條就行。

我這種想法是不是有點破罐破摔？你幫助我那麼久，我卻沒什麼進步，反而想「擺爛」了。
不，我覺得恰恰相反。

過去你執著於想要改變，反而會因為無法改變而心懷不甘，感到更多失落與挫敗，阻礙了行動。當你能接納自己，專注於當下時，反而改變就在悄悄進行了。
唯一不變的事情就是事情永遠在變化

我變了嗎？倒是允許自己做自己後釋懷了很多，況且我現在有更重要的事情，具體的問題就遇到再說吧。
遇到問題時我們再來找你。
嗯。

對我來說，或許60
分的人生比100分
更加廣闊。

雖然你沒把我「修好」，
卻讓我有了行動力量，這
對我更重要。謝謝你一直
以來的關照。

下次見。
那我走了。
在更廣闊的天地裡，希
望你能自在地飛翔。

後　記

大家好。我是毛毛毛，非常感謝您能閱讀到這裡！

畫心理諮商漫畫，是我剛剛開始心理諮商後不久的事情。有時我會有一種奇妙的感受，覺得腦子和我「分了家」，經常會產生「道理都明白，就是做不到」的問題，疑惑於到底是什麼原因阻礙了我的行動。此外，我對這個社會也多少有點適應不良（從漫畫中應該看得出來，笑），我經常困擾到底怎麼做，才能在自己和世界間取得平衡。

這些困惑和不適是我去做心理諮商的原因。

在諮商中，我逐漸了解到自己真實的想法和感受，不僅僅是「明白道理」的那一部分，也包括不那麼積極、感到無助和困惑的部分。隨著諮商的深入，我了解到我的感受、我的體驗和經歷造就了我的思維模式和行動方式，我並不是平白無故地變成現在的我，我的喜怒哀樂，一切都是有根源的，我所要尋找的，也並非某種「正確」的行為準則，而是找到隱藏在重重思維迷宮下的「真實自我」。而諮商師所做的，就是引導著我，和我一起在迷宮中尋找蛛絲馬跡，並鼓勵我用自己的方法找到屬於自己的道路，走出迷宮。

這是我對心理諮商的感受，也是我從中得到的最大幫助。

最後，感謝「簡單心理」平臺提供的幫助，感謝編輯不辭辛勞地給予我專業建議，讓我有機會以更專業的態度分享自己的經歷，也感謝圖書編輯讓漫畫得以成書。

這本漫畫來自我個人的諮商經歷，是我對自我的理解和感悟，所以這並不是一份心理學專業層面上的答案。但如果我的分享能讓同樣在「內心迷宮」中探索自我的朋友們感到不孤單，那麼，很高興我們能彼此相伴。

毛毛毛

2023年夏

高寶書版集團
gobooks.com.tw

NW 294

我、腦子和粉紅色的諮商師

作　　者　毛毛毛
責任編輯　陳柔含
封面設計　林政嘉
內頁排版　賴姵均
企　　劃　陳玟璇
版　　權　張莎凌

發 行 人　朱凱蕾
出　　版　英屬維京群島商高寶國際有限公司台灣分公司
　　　　　Global Group Holdings, Ltd.
地　　址　台北市內湖區洲子街 88 號 3 樓
網　　址　gobooks.com.tw
電　　話　（02）27992788
電　　郵　readers@gobooks.com.tw（讀者服務部）
傳　　真　出版部（02）27990909　行銷部（02）27993088
郵政劃撥　19394552
戶　　名　英屬維京群島商高寶國際有限公司台灣分公司
發　　行　英屬維京群島商高寶國際有限公司台灣分公司
法律顧問　永然聯合法律事務所
初版日期　2024 年 11 月

原書名：我、腦子和粉紅色的諮詢師
本書通過北京紫雲千閱文化有限公司代理授權出版發行中文繁體字版

國家圖書館出版品預行編目（CIP）資料

我、腦子和粉紅色的諮商師 / 毛毛毛著 . -- 初版 . -- 臺北市：英屬維京群島商高寶國際有限公司臺灣分公司 , 2024.11
面；　公分 .--

ISBN 978-626-402-116-6(平裝)

1.CST: 心理諮商　2.CST: 心理衛生　3.CST: 漫畫

178.4　113015442

凡本著作任何圖片、文字及其他內容，
未經本公司同意授權者，
均不得擅自重製、仿製或以其他方法加以侵害，
如一經查獲，必定追究到底，絕不寬貸。
版權所有　翻印必究

GOBOOKS
& SITAK
GROUP ©